JN059413

教科書ガイド

第一学習社 版

高等学校
現代の国語

TEXT BOOK GUIDE

文研出版

はしがき

本書は、第一学習社発行の教科書「現代の国語」に準拠した教科書解説書として編集されたものです。

教科書内容がスムーズに理解できるよう工夫されています。

予習や復習、試験前の学習にお役立てください。

本書の特色

《理解編》

●冒頭・教材解説
それぞれ、各教材の冒頭に学習のねらいや要旨(主題)、段落構成などを解説しています。

説明的文章では〔要旨〕をまとめ、文学的文章では〔主題〕を解説しています。

教材解説では、まず段落ごとの大意をまとめ、その後、重要語句や文脈上おさえておきたい箇所の意味を解説しています。

教科書下段の脚問については、解答(例)を示しています。

●手引き
「学習の手引き」・「活動の手引き」・「言葉の手引き」について、課題に対する考え方や取り組み方を示すとともに、適宜解答(例)を示しています。

《表現編》

●教材解説
確認しておきたい語句について、解説しています。

提示された活動についての考え方や取り組み方を中心に示しています。

目次

理解編

1
「生きもの」として生きる……中村桂子 6
「本当の自分」幻想……平野啓一郎 10
羅生門……芥川龍之介 16

2
水の東西……山崎正和 24
ものとことば……鈴木孝夫 29
砂に埋もれたル・コルビュジエ……原田マハ 34

論理分析
「間」の感覚……高階秀爾 41
日本語は世界をこのように捉える……小浜逸郎 43

3
無彩の色……港　千尋 46
「文化」としての科学……池内　了 50
夢十夜……夏目漱石 56

4
現代の「世論操作」……林　香里 64
フェアな競争……内田　樹 69
鏡……村上春樹 75

論理分析
「私作り」とプライバシー……阪本俊生 81
AIは哲学できるか……森岡正博 83

5
不均等な時間……内山　節 85
ロビンソン的人間と自然……村岡晋一 91
城の崎にて……志賀直哉 96

6
法律の改正に関わる文章を読み比べる…… 105
日本の労働問題に関わる資料を読み比べる…… 107
学校新聞の記事内容を検討する…… 108
図書委員会のポスターの掲示内容を検討する 109

論理分析
デザインの本意……原　研哉 110
「動機の語彙論」という視点……鈴木智之 112

表現編

話して伝える

話し方の工夫……114
待遇表現……116
論理的な表現……117
情報の探索と選択……119
情報源の明示……120
スピーチで自分を伝える……120
相手に伝わる案内をする……121
理想の修学旅行をプレゼンする……121
合意形成のための話し合いを行う……122

書いて伝える

書き方の基礎レッスン……123
身近な製品の取扱説明書を作成する……125
実用的な手紙文の書き方……126
地域の魅力を紹介する……127
自校の生徒の生活実態を調査する……127
社会に対する意見文を書く……128

1

「生きもの」として生きる

中《なか》村《むら》桂《けい》子《こ》

教科書P.12〜17

●学習のねらい

筆者の提案する人間の生き方について、文章構成をもとに把握し、自分に照らして考えを深める。

●要　旨

「生きもの」としての実感を持ちにくくなっている近代文明社会を転換していくには、他人任せではない「自律的な生き方」をすることが必要である。

●段　落

本文は、「問題提起・主題・主張を支えるための例示・反論を想定しての考察・まとめ」の五段落構成となっている。

一　教P12・1〜P13・2　生きものであることを実感できない社会
二　教P13・3〜P13・9　生きものであるという感覚を持つ提案
三　教P13・10〜P13・16　生きものとしての感覚を身につける例
四　教P14・1〜P15・16　科学の「保証」の限界
五　教P16・1〜P16・11　「自律的な生き方」の提案

段落ごとの大意と語句の解説

第一段落　教12ページ1行〜13ページ2行

「人間は生きものであり、自然の中にある」ことは当たり前のことだが、現代社会の私たちの日常生活は、生きものであることを実感しにくいものになっている。日常を変革し、自然を感じられる社会を作ろうにも、近代文明社会の変換は難しい。

教12ページ

1 **基盤**《きばん》　物事を成り立たせるための基礎となるもの。
3 **そこに問題**《もんだい》**がある**　「人間は生きものであり、自然の中にある」ということは、誰もがわかっている当たり前のことなのに、現代社会はこれを基盤としていないことが問題であるということ。
9 **終日**《しゅうじつ》　朝から晩まで。一日中。

教13ページ

1 **変革**《へんかく》　物事を根本から変えて新しくすること。
2 **変換**《へんかん》**する**　入れかえる。

第二段落　教13ページ3行〜13ページ9行

一人一人が「自分は生きものである」という感覚を持つこと

によって、近代文明を転換する切り口を見つけ、生き方を変え、社会を変えていくことを提案する。

教13ページ

4 **視点《してん》**　物事を見たり考えたりするときの立場や考え方。観点。

4 **切《き》り口《くち》**　物事を検討・分析するときの着眼点や発想のしかた。

1　**「それはあまり意味《いみ》がありません。」と述べる理由は何か。**

答　エネルギーについて、脱原発や、自然再生エネルギーへの転換の必要を唱えたりするだけではなく、自然エネルギーを活用する「暮らし方」への志向がなければならないから。

第三段落　教13ページ10行〜13ページ16行

とくに意識せずに「生きものである」という感覚を身につけることはできる。例として、賞味期限を越えた食べ物が、まだ食べられるかどうか、自分の鼻や舌や手で確認することがあげられる。

教13ページ

12 **……がゆえに**　それが理由で。

14 **賞味期限《しょうみきげん》**　比較的長持ちする加工食品などに表示される、その食品が正常な品質を維持できる期限。傷みやすい食品に表示される、衛生上の安全を維持できる「消費期限」と区別される。

第四段落　教14ページ1行〜15ページ16行

食べ物の安全性を自分の「感覚」で判断せず、「科学的」と称して数字で表された期限だけで判断するという一般のやり方には「科学への盲信」がある。科学を通じて危険性を知り、それに対処することは重要だが、科学による「保証」の限界を知ることが大事で、何も考えずに数字を鵜呑《うの》みにするのではなく、自らの「生きもの」としての力を生かすことが必要である。

教14ページ

1 **鼻《はな》や舌《した》などの「感覚《かんかく》」で判断《はんだん》するとはなんと非科学的《ひかがくてき》な**　鼻や舌などの「感覚」は個人によって異なるので、客観的な判断がしにくいという考えを示している。

7 **盲信《もうしん》**　わけもわからずひたすら信じること。

2　**「科学《かがく》への盲信《もうしん》」は、どのような内容を言い換えたものか。**

答　数字で表された「科学的」なものに従っておけば安全だと信じて疑わないこと。

10 **対処《たいしょ》する**　事柄や状況に合わせて適切な処置をする。

11 **数字《すうじ》だけで決《き》まるものではありません**　賞味期限の数字は目安に過ぎないものであり、「保証」には限界があるということ。

13 **検出《けんしゅつ》**　物に含まれる物質や成分などを調べて見つけ出すこと。

教15ページ

6 **それに従《したが》うことが正《ただ》しい暮《く》らし方《かた》のようになってしまいました**　賞味期限として印刷された数字によって安全性を判断することが正しいことだと考えるようになったということ。

13 **鵜呑《うの》み**　物事を十分に考えないでそのまま受け入れること。

第五段落　教16ページ1行〜16ページ11行

科学を知ったうえで、生きものとしての感覚をも活用するのが、「人間は生きものである」ことを基本に置く生き方である。

これは、他人任せにするのではなく「自律的な生き方」をしようという提案でもあり、「生きものとして生きる」ことの第一歩である。

教16ページ

6 他人任せ《たにんまか》　他人に任せきりにすること。ここでは「科学的」という名目のもとに自分で判断することを怠っていることをさす。

手引き

学習の手引き

一　本文の展開を、次の五つの構成要素で捉え、それぞれの要旨をまとめよう。

①問題提起（初め～一三・2）
②主題（筆者の主張）の提示（一三・3～一三・9）
③主張を支えるための例示（一三・10～一三・16）
④反論を想定しての考察（一四・1～一五・16）
⑤まとめ（主題の再提示）（一六・1～終わり）

解答例　省略（「段落ごとの大意」を参照）

二　本文中に示されている具体例は、どのような考えを述べるために取り上げられているか、説明してみよう。

考え方　本文中に示されている具体例は次のとおり。それぞれ前後の内容から筆者の考えを捉えよう。

・「朝気持ちよく目覚め、……終日人工照明の中で暮らすのが現代人の日常です。」（一三・6）→私たちの日常生活は、生きものであることを実感しにくいものになっているという考え。

答3　**「自律的《じりつてき》な生《い》き方《かた》」とは、どのような生き方か。**

「科学的」であると称して、数字で表されたものを何も考えず信じ、それに従うような他人任せの生き方ではなく、自分の「生きものとしての感覚」を活用し、常に自分で考え、自身の行動に責任を持つ生き方。

・「簡単な例をあげるなら、……手で確認します。」（一三・13）→とくに意識せずとも「『生きものである』という感覚」を身につけ、日常を生きていくことが可能であるという考え。

・「具体的には、……ふだんのやり方です。」（一四・3）→商品に印刷された賞味期限だけで安全性を判断するやり方には、「科学への盲信」があるという考え。

・「うっかり期限の過ぎた……鼻や舌を使って判断する」（一六・7）→生きものとしての感覚を生かすことで生活が変わり、その積み重ねによって社会も変わるはずであるという考え。

三　「科学・科学技術のおかげで、……食べ物が手に入るようになったのはありがたいことです。」（一四・16）という一文を置いた意図を考えてみよう。

解答例　現代社会において私たちが「より進歩した暮らしやすい生活」を送ることができ、「安全が保証された形で、食べ物が手に入る」のは、科学や科学技術の発展の賜物《たまもの》であり、そこに関わってきた人々のおかげでもあることを認めたうえで、生きものとしての感覚も生かすべきであるという主張を述べるため。

活動の手引き

一 「まずは一人一人が『自分は生きものである』という感覚を持つことから始め、……社会を変えていきませんか」(一三・3)という提案に対して、自分が日常生活の中で持ち得る「生きものとしての感覚」をあげ、それが生き方や社会を変えるどのような切り口になり得るか、文章にまとめて発表し合おう。

考え方 「生きものとしての感覚」は、日常生活の中で「当たり前に自然を感じられる」ことで持つことができると筆者は考えている。例えば、屋内で人工照明の中、一日の大半を過ごすのではなく、日光や新鮮な空気を感じられるような時間と場所を設けることや、毎日口にする食べ物に関心を持ち、それが何でできていて、どのように食卓にのぼっているかを知ることで、自分が自然の中で暮らし、他の生きものの命をいただいて生きているということを意識することができるだろう。それによって、健康的な生き方をすることや、自然環境を整え、他の生きものとの共存を目ざすような社会へと変えていく切り口になると考えられる。

言葉の手引き

一 次のかたかなを漢字に改めよう。

1 キバンとなる産業を育てる。
2 方針をテンカンする。
3 身にキケンが迫る。
4 ビョウゲンキンの侵入を防ぐ。
5 フンイキに飲まれる。
6 鋭いキュウカクを持つ。

解答 1 基盤　2 転換　3 危険　4 病原菌　5 雰囲気　6 嗅覚

二 次の□に共通して入る漢字を答えよう。

1 変□・□命
2 裁□・□断
3 腐□・□北
4 制□・□界

解答例 1 革　2 判(決)　3 敗　4 限

三 次の語の意味を調べ、それぞれを使って短文を作ろう。

1 切り口(一三・4)　2 鵜呑み(一五・13)

解答例 意味…省略(「語句の解説」を参照)
短文…1 鋭い切り口の論評が新聞に掲載される。
2 広告の文句を鵜呑みにして失敗する。

四 次の傍線部の表現があることで、どのような意味が加わっているか、説明してみよう。

1 科学という言葉に任せている(一四・7)
2 期限を決める数字が印刷される(一五・4)

解答例 1 科学そのものではなく、「科学」であると思い込んでいるだけであるという意味。
2 数字自体が期限を決めているという意味。

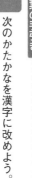

「本当の自分」幻想

平《ひら》野《の》啓《けい》一《いち》郎《ろう》

教科書P.19～26

●学習のねらい

主題に至る論の構造を把握し、主張に説得力を持たせるための論の展開について考える。

●要旨

インターネットの普及で人のいろいろな顔が可視化され、どれが「本当」の姿なのかを詮索することがあるが、人間は他者との相互作用の中で生じるいくつかの「分人」によって構成されており、その分人はすべて「本当の自分」である。そして、個性というものは分人の構成比率によって変化するもので、他者の存在なしには決して生じないものである。

●段落

本文は、内容に従って、五つの段落に分けられる。

一 教P19・1～P20・2 ふだんの姿とネットの中の姿の不一致
二 教P20・3～P21・5 人の「本当」の姿とは何か
三 教P21・6～P22・12 本質を規定されることへの抵抗
四 教P22・13～P24・15 人間は複数の「分人」で構成される
五 教P24・16～P25・6 分人はすべて「本当の自分」である

段落ごとの大意と語句の解説

第一段落 教19ページ1行～20ページ2行

インターネットの普及によって、人のいろいろな顔が可視化され、現実の姿とネットの中の姿とが合致しないということが起こるようになった。

教19ページ

3 **饒舌《じょうぜつ》** 口数が多いこと。
3 **辛辣《しんらつ》** 表現や態度などが、非常に手厳しい様子。
4 **端々《はしばし》** あちこちの部分。ちょっとした部分。
5 **語《かた》り口《くち》** 語るときの調子や態度。ここでは、ブログでの言葉の使い方や表現のしかたのこと。
6 **共通《きょうつう》の友人《ゆうじん》たちも、……言《い》っていた** ふだんは穏やかで口数の少ない筆者の友人が、ブログでは饒舌で、辛辣な批評をしていて、全く別人のようだったのを知ったとき、共通の友人たちは、ブログ上のほうをその友人の「本当」の姿だと捉えたということを表す。
7 **普及《ふきゅう》する** 広く行き渡る。
11 **可視化《かしか》** 目に見えるようにすること。わかりやすくすること。
対 **不可視化《ふかしか》**
11 **インパクト** 衝撃。影響。

第二段落　教20ページ3行〜21ページ5行

「本当の自分／ウソの自分」があるという前提のもと、どちらが「本当」の姿であるか決めようとすることは不毛に思える。どちらも「本当」なのではないか。「個人」が持っているいろいろな顔があからさまになったとき、それをネガティブに詮索する傾向は、現在でも必ずしもなくなってはいない。

教20ページ

4 **「本当《ほんとう》の自分《じぶん》／ウソの自分《じぶん》」というモデル**　人にはそれぞれ「本当の自分」というものが存在し、他人と接するときの相手に同調して演じ分けられた姿は「ウソの自分」だとする思考の型。

6 **本音《ほんね》**　口に出しては言わない本心。また、本心から出た言葉。

対　**建前《たてまえ》**

7 **推察《すいさつ》**　人の心の中や物事の事情などを、想像して考えること。

9 **ノリ**　場に合わせて調子づくこと、合わせること。ここでは、ネット上での雰囲気や流れのこと。

1　**「どちらも一理《いちり》ある気《き》がした」のはなぜか。**

答　ネットの中の友人の姿を「本当」と捉える理由にも、自分たちがふだん接しているときの友人の姿が「本当」でネットの中の姿は「作っている」と捉える理由にも、それぞれ一応納得できる理屈があるように感じられたから。

「一理ある」＝一応納得できる理屈があるということ。

11 **不毛《ふもう》**　成果が上がらず、無意味であること。

12 **真情《しんじょう》**　ここでは、偽らない本当の気持ち、の意。

教21ページ

1 **リアル**　現実の。ありのままの。

1 **真贋《しんがん》**　本物と偽物のこと。ここでは、どちらが本物でどちらが偽物であるかということ。

3 **あからさま**　ありのままで、包み隠さない様子。

4 **二重人格《にじゅうじんかく》**　意識の統一性が失われ、一時、二つの人格を有していると思われるほど全く別人のようになること。ここでは、ある人物が、場合によって意図的に別人のように振る舞うことを表している。

4 **ネガティブ**　否定的、消極的な様子。

対　**ポジティブ**

4 **詮索《せんさく》する**　細部にわたって詳しく調べる。

第三段落　教21ページ6行〜22ページ12行

コミュニケーションは他者との共同作業であるが、そこでの相互作用の中で生じた自分のある一面だけを捉えて、それが「本当の姿」だと決められてしまうことに、私たちは抵抗を感じる。他人から自分の本質を規定され、自分が矮小化《わいしょうか》されることが不安なのである。

教21ページ

6 **違和感《いわかん》**　しっくりこないという感覚。

2　**「ちょっと抵抗《ていこう》があった。」とあるが、どういうことに対して抵抗を感じたのか。**

答　筆者はジャズやクラシックなども好きなのに、雑談でヘビーメタルの話をしたライターに、ブログの中で「本当はメタルマニア」だと自分の本質を規定されるように書かれたこと。

12 **極《ごく》マレに**　きわめて珍しい様子。

「極」＝程度が並はずれたものであることを強調する副詞。

「マレ」（まれ・稀）＝めったになくて、珍しい様子。

16 **談義《だんぎ》**　ここでは、意見を言い合い話し合うこと、の意。

教22ページ

2 **本質《ほんしつ》**　そのもののあり方を決定づける本来の性質や要素。

2 **規定《きてい》**　物事のあいまいな内容をある定まった形に決めること。

3　**ここでの「コミュニケーション」とは、どの事例を受けたものか。**

答　筆者が小説のインタビューに来ていたライターと、共通の話題であるヘビーメタルの話で盛り上がったという事例や、ショパンの好きな人とはショパンの話をしたり、マイルスが好きな人とはマイルスの話をしたりして楽しむという事例。

6 **相互作用《そうごさよう》**　複数の物や現象が互いに働きかけ、影響を及ぼし合うこと。

8 **恣意的《しいてき》**　思うままに自分勝手に考える、あるいは振る舞う様子。

12 **矮小化《わいしょうか》**　小さくすること。小さいものと捉えること。

第四段落　教22ページ13行〜24ページ15行

人間は対人関係ごとにさまざまな自分になるもので、唯一無二の分割不可能な「個人」ではなく、複数の分割可能な「分人」であると考えられる。「本当の自分」は一つだけで、あとはキャラや仮面等にすぎないという考え方は間違っている。理由として、すべての人間関係がキャラや仮面どうしの化かし合いとするなら、それは他者も自分も不当におとしめる錯覚で、誰とも「本当の自分」でコミュニケーションを図れないことになる点や、分人は相手との相互作用の中で生じ、変化するが、それを仮面のつけ替えや変容と説明するのは無理がある点、分人には実体があるが「本当の自分」には実体がなく、対人関係の中だけで自分のすべての可能性を発揮することはできない点があげられる。

教22ページ

14 **肯定《こうてい》**　同意すること。正しく適切であると認めること。

対　**否定《ひてい》**

15 **後《うし》ろめたい**　自分の行為に罪悪感があって、気がとがめる様子。

17 **唯一無二《ゆいいつむに》**　二つとないこと。

教23ページ

3 **接頭辞《せっとうじ》**　語の上について意味を添えたり、調子を整えたりする語のこと。

4　**「人間《にんげん》を『分《わ》けられる』存在《そんざい》と見《み》なす」とは、どういうことか。**

答　人間を、常に首尾一貫した分けられない存在ではなく、対人関係ごとに異なるさまざまな自分に分けられる存在だとすること。

7 **首尾一貫《しゅびいっかん》**　始めから終わりまで、一つの方針や態度を貫き通すこと。

8 **矛盾《むじゅん》する**　論理的に、二つの物事のつじつまが合わなくなる。

9 **序列《じょれつ》**　一定の基準によって配列された順序のこと。

14 **化《ば》かし合《あ》い**　悪賢いものどうしが互いにだまし合うこと。もともとは、「狐《きつね》と狸《たぬき》の化かし合い」という表現から。

14 **おとしめる**　劣ったものとして扱う。成り下がらせる。

14 **錯覚**《さっかく》　事物を実際の姿とは違ったように知覚すること。ここでは、思い違い、の意。

教24ページ

1 **主体的**《しゅたいてき》　自分の意志と決断によって行動する様子。

1 **硬直的**《こうちょくてき》　状況や方針が変化したにもかかわらず、態度や考え方が変わらない様子。

3 **喜怒哀楽**《きどあいらく》　喜びと怒りと悲しみと楽しみのこと。広くもろもろの人間的感情のこと。

5 **変容**《へんよう》**した**　姿や形が変わった。

5　ここで「実体《じったい》がない」と述べる「本当《ほんとう》の自分《じぶん》」とは、どういうものか。

答　対人関係の中には現れなかった、発揮されるべき自分のすべての可能性を含む自分。

8 **それ**　唯一無二の「本当の自分」。

8 **幻想**《げんそう》　現実にはないことをあるかのように思い描いたもの。空想。

第五段落　教24ページ16行〜25ページ6行

分人はすべて「本当の自分」であり、人間は対人関係ごとのいくつかの分人によって構成されている。分人の構成比率によって決定される個性も不変ではなく、他者の存在なしには生じないものである。

教24ページ

6　ここで述べる「本当《ほんとう》の自分《じぶん》」とは、どういうものか。

答　対人関係ごとのさまざまな自分や、小説の作品世界などとの相互作用の中で生じる自分など、それぞれ別の顔ではあるが自分自身だと言える存在。

教25ページ

1 **囚**《とら》**われて**　ある考え方や価値観などに拘束されて。

1 **プレッシャー**　心理的・精神的な圧迫感。

2 **それを知**《し》**り、それを探**《さが》**さなければならない**　ここでの「それ」はどちらも唯一無二の「本当の自分」のこと。

2 **四六時中**《しろくじちゅう》　一日中。いつも。

2 **そのかされて**　その気になるように促されて。

手引き

学習の手引き

一　本文は、ある事実を前提にして、そこから導かれる仮説を提示するという展開がなされている。事実に相当する二つの段落と、仮説に相当する段落とを本文中から指摘し、それぞれの要旨をまとめよう。

解答例　事実1…第一形式段落(一九・1〜9)…ふだんは穏やかで口数の少ない筆者の友人が、ブログでは饒舌で、辛辣な批評をしていて、全く別人のようだった。

事実2…第七形式段落(二一・6〜10)…筆者と雑談したライターが、ブログで筆者の一面だけを取り上げて「本当」の姿だと決めつけて書いていたことに違和感を覚えた。
仮説…第十三形式段落(三・14〜16)…人間にはいくつもの顔があり、相手次第で自然とさまざまな自分になる。

二 右の仮説を強固にするため、一般的な考え方に対する反論がなされている。反論に相当する段落を本文中から指摘し、要旨をまとめよう。

考え方 「一般的な考え方」とは、人間を「常に首尾一貫した、分けられない存在」(三・7)だとし、「自我(＝「本当の自分」)は一つだけで、あとは、表面的に使い分けられたキャラや仮面、ペルソナ等にすぎない」(三・8)とする考え方のことである。筆者はこれを「間違っている」とし、その理由を三つあげて反論している。

解答例 第十七形式段落(三・12〜15)…私たちは誰とも「本当の自分」でコミュニケーションを図ることができなくなり、すべての人間関係が化かし合いになってしまうが、それは他者と自分を不当におとしめる錯覚であり、実感からも遠い。
第十八形式段落(三・16〜四・6)…分人は相手との相互作用の中で生じるもので、長い時間をかけたコミュニケーションの中で、さまざまな反応を交換した結果である。その変化を仮面のつけ替えや変容と説明するのは無理がある。
第十九形式段落(四・7〜15)…他者と接しているさまざまな分人には実体があるが、「本当の自分」には実体がなく、幻想にすぎない。どんな相手であろうと、自分のすべての可能性を発揮することはできず、対人関係の中には現れなかった他の可能性としての自分も、もう一つ別の分人にすぎない。

三 最終段落をふまえて、筆者の主張を簡潔にまとめよう。

解答例 分人はすべて「本当の自分」であり、人間は対人関係ごとのいくつかの分人によって構成されている。その時どきの分人の構成比率によって決定される個性も不変のものではなく、他者の存在なしには生じないものである。

四 本文中の説明で用いられている次の表現は、どういうことを述べているのか、説明してみよう。

1 他人から本質を規定されて、自分を矮小化される(三・11)
2 その人らしさ(個性)というものは、その複数の分人の構成比率によって決定される(五・4)

解答例 1 他人から恣意的に自分の中の一部を「本当の姿」だと決められて、自分が思っているよりも、小さなものとして捉えられること。
2 人間は対人関係などに現れたいくつかの分人の集まりと考えることができるので、その人の個性はそれぞれの分人の占める割合によって決まるということ。

活動の手引き

一 筆者の主張に対して賛成か、あるいは反対か、各自の考えたことを文章にまとめて発表し合おう。その際、賛成・反対のいずれの場合も、本文に書かれている語句や表現を引用しながら、考えを述べよう。

解答例 賛成の場合…分人という考え方は、人間は「常に首尾一貫した」存在であるべきだという「苦しみとプレッシャー」から私たちを解放してくれると考えられる。対人関係ごとに違う個性を発揮できるようになり、自分が変わることを恐れず、前向きになれるだろう。

反対の場合…「ウラの顔」「二重人格」などと分人に対しては現在も否定的にとられることが多く、また、自分の一面しか出せないコミュニケーションでは、「キャラどうし、仮面どうし」の付き合いとなり、互いに深く知ることができないもどかしさも残る。このことはつまり、分人といっても、明確に分けられるものではなく、実際の人間はいろいろな面が複雑に絡み合っており、ある程度のまとまりを持っているものだということを表しているのだと思う。

言葉の手引き

一　次のかたかなを、訓読みの語は送り仮名も含めて、漢字に改めよう。

1　彼女はオダヤカな性格だ。
2　被害者の胸中をスイサツする。
3　彼の文章にイワカンを覚える。
4　いろいろな音楽にクワシイ。
5　社長の訓話は下手の長ダンギで有名だ。
6　彼はいつも表情がカタイ。

解答　1　穏やか　2　推察　3　違和感　4　詳しい
5　談義　6　硬い

二　次の語の意味を調べよう。

1　饒舌（一九・3）　2　辛辣（一九・3）
3　可視化（一九・11）　4　不毛（二〇・11）
5　真贋（二一・1）　6　恣意的（二二・8）
7　四六時中（二五・2）

解答例　省略（「語句の解説」を参照）

三　次の三例の「あくまでも」（二三・16）は三例中のどれに当たるか、指摘してみよう。

1　我々はあくまでも優勝を目ざします。
2　これはあくまでも個人的な意見です。
3　空はあくまでも青く澄み切っていた。

解答例　1　最後まで徹底的にやり抜く様子。
2　限定的だと強調する様子。
3　どこまでも限りなく続く様子。
本文中の「あくまでも」…2

羅《ら》生《しょう》門《もん》

芥川《あくたがわ》龍《りゅう》之《の》介《すけ》

教科書P.28～39

●学習のねらい

下人の行動や心理をもとに場面の展開を捉え、老婆の語る論理が下人の決断に与えた影響を読み取る。

●主　題

飢え死に寸前の極限状況におかれた主人公の下人や老婆の姿、善（ヒューマニズム）と悪（エゴイズム）との間を揺れ動く主人公の心理描写を通して、人の中にある抜きがたいエゴイズムや、善と悪とは相対的で状況によって変わりうることなどを描き出している。

●段　落

本文は、時間の推移、場面の展開から、四つの段落に分けられる。

一　教P28・1～P31・15　羅生門の下で雨やみを待つ下人
二　教P31・16～P34・8　はしごの上から老婆を見つける
三　教P34・9～P38・2　楼上での下人と老婆
四　教P38・3～P38・8　羅生門から消えた下人

段落ごとの大意と語句の解説

第一段落　教28ページ1行～31ページ15行

ある日の暮れ方、四、五日前に暇を出された若い下人が、羅生門の下で雨のやむのを待っていた。京都には災いが続き、洛《らく》中《ちゅう》はひどくさびれ、羅生門は修理もされぬまま荒れ果て、死人の捨て場になっていた。下人は明日の暮らしをどうにかしようと考えながら雨の音を聞くともなく聞いていたが、飢え死にしないためには盗人《ぬすびと》になるよりしかたがないということを積極的に肯定する勇気が出ずにいた。そしてともかく、この門の上の楼で一晩明かそうと、はしごの段に足をかけた。

教28ページ

1　冒頭の一行には、どのような情報が示されているか。

答　日付《ひづけ》（特定されていない）、時刻、登場人物の立場とその行動、場所、天気。

1 **下人《げにん》**　ここでは、身分が低い召し使いの男、の意。原典の『今昔物語集』では、最初から「盗人」となっている。

2 **丹《に》塗《ぬ》りの剝《は》げた**　赤い塗料が剝げた。羅生門や京都の荒廃ぶりを表し、不気味な感じをかもし出している。

3 **きりぎりすが一匹《いっぴき》とまっている**　門の下にいるのは「この男」のほかはきりぎりすのみであり、さびしい様子が強調されている。

4 **雨《あめ》やみをする**　雨のやむのを待つ。雨宿りをする。

6 **飢饉《ききん》** 農作物が実らず、食物が欠乏して、飢え苦しむこと。

7 **ひととおりではない** 普通ではない。並のことではない。

8 **箔《はく》** 金属をたたいて、紙のように薄く平たく伸ばしたもの。

9 **料《しろ》** 材料。使用する品物。

9 **その始末《しまつ》** 仏像や仏具を打ち砕いて、薪の材料として売るというような事情。

「始末」＝ここでは、物事の事情・状態・様子、の意。

10 **もとより** 言うまでもなく。もちろん。

10 **顧《かえり》みる** 気にかける。心配する。

11 **狐狸《こり》** きつねとたぬき。

11 **棲《す》む** 動物が巣をつくって生活する。

12 **日《ひ》の目《め》が見えなくなる** 日が暮れる。日が沈んで暗くなる。

「日の目」＝日の光、の意。「日の目を見る」は、普通、これまで世に埋もれていた物事が世間に知られる、という意で使う。

教29ページ

1 **足踏《あしぶ》みをしない** ここでは、足を踏み入れない、の意。

2 「からす」の描写は、どのような効果をあげているか。

答 黒いからすが死人の肉を求めて集まっている様子を描くことで、羅生門の辺りが荒れ果ててさびれているさまを想像させるとともに、不吉で不気味な印象を与えている。

7 **それがごまをまいたように** 黒いからすが羅生門の上を群がって飛び回る姿が、赤い夕焼け空にくっきり浮かんで見える様子を表している。

10 **ついばみに** 食べに。

「ついばむ」＝鳥がくちばしで物をつついて食べる。

15 **洗《あら》いざらした** 何度も洗って色が薄くなった。

17 **大《おお》きなにきびを気《き》にしながら** 下人がまだ若いことを示す表現。

教30ページ

2 **作者《さくしゃ》は……** この小説を虚構だと印象づけると同時に、語り手（作者）がこの小説の世界について熟知しているのだと感じさせようとする意図が表れた表現とも言える。

4 **暇《ひま》を出《だ》された** 解雇された。

5 **ひととおりならず衰微《すいび》していた** すっかり衰え弱っていた。

6 **余波《よは》** ここでは、物事が周囲や後世に及ぼす影響、の意。

7 **途方《とほう》に暮《く》れていた** どうしてよいかわからず困り果てていた。

8 **平安朝《へいあんちょう》** 平安時代。

9 **上《あ》がる気色《けしき》がない** （雨が）やむ気配がない。

10 **差《さ》し当《あ》たり** 今のところ。当面。

11 **とりとめもない** まとまりのない。

13 **雨《あめ》は、羅生門《らしょうもん》を……雲《くも》を支《ささ》えている** 「雨」や「夕闇」、「屋根」を主語にした擬人法的な表現。下人が途方に暮れている重苦しい気持ちをきわだたせている。

14 **甍《いらか》** 屋根の頂上の部分を覆う瓦。瓦ぶきの屋根。

16 **いとま** ひま。時間的余裕。

教31ページ

2 **低回《ていかい》した** 考えごとをしながら、ゆっくり歩き回った。

2 **この局所《きょくしょ》へ逢着《ほうちゃく》した** 「この局所」とは、手段を選ばないとすればと仮定した地点である。飢え死にをしないために盗人になるよりしかたがないという理屈はわかっているが、まだ勇気が出ない状態である。

「局所」＝ここでは、全体の中の限られた一部分、の意。

「逢着」＝出会うこと。行き着くこと。

2 **この「すれば」**　手段を選ばないとすれば。

4 **肯定《こうてい》**　同意すること。認めること。

対　**否定《ひてい》**

4 **かたをつける**　物事を処理する。けりをつける。

5 **「盗人《ぬすびと》になるよりほかに……勇気《ゆうき》が出《で》ずにいたのである**　「盗人になるしかない」と、論理的にはわかっていても、心理的には抵抗があって実行に移せない下人の心の揺れを表している。

7 **くさめ**　くしゃみ。

7 **大儀《たいぎ》そうに**　面倒くさそうに。だるそうに。

3　**「きりぎりす」の描写は、どのような効果をあげているか。**

答　冒頭の場面から時間が経過したことと、下人以外の生き物がいなくなり、より静かでさびしくなったことを示す効果。

11 **憂《うれ》え**　心配。

11 **人目《ひとめ》にかかる**　人目につく。人に見とがめられる。

12 **楼《ろう》**　二階建て以上の高い建物。

13 **目《め》についた**　目にとまった。目立って見えた。

第二段落　教31ページ16行～34ページ8行

下人がはしごを二、三段上ると、上で誰か火をともしている。最上段まで上りつめて楼の内をのぞくと、死骸が転がる中、火をともした松の木切れを持った一人の老婆が一つの女の死骸の顔を眺めていた。下人は恐怖と好奇心とで息をするのも忘れた。老婆が死骸から長い髪の毛を一本ずつ抜き始めるのを見る下人の心からは、恐怖が少しずつ消え、悪を憎む心が燃え上がった。

教31ページ

4　**「一人《ひとり》の男《おとこ》」という表現には、どのような効果があるか。**

答　第三者のような言い方をすることで、場面が転換したことをより印象づける効果。

17 **息《いき》を殺《ころ》しながら**　息をおさえて音を立てないようにしながら。

教32ページ

3 **たかをくくって**　たいしたことではないと見くびって。

「たかをくくる」＝もともとは、程度(高《たか》)をあらかじめはかる(括《くく》る)、の意。

3 **火《ひ》をとぼして**　火をともして。

5 **それと知《し》れた**　楼の上で誰かが火をともして、しかもその火をそこここと、動かしているらしいことがわかった。

5　**「この雨《あめ》の夜《よる》に、この羅生門《らしょうもん》の上《うえ》で」には、どのような意識が表れているか。**

答　出かけるべきときではなく、出かけるべき場所でもない、人がいるべきでないところという意識。

6 **ただの者《もの》ではない**　普通の者ではない。

7 **足音《あしおと》を盗《ぬす》んで**　足音を立てないようにして。

「盗む」＝ここでは、ひそかに何かをする、の意。

9 **恐《おそ》る恐《おそ》る**　びくびくしながら。こわごわ。

10 **無造作《むぞうさ》に**　ここでは、大事に扱わず、雑に、の意。

11 **おぼろげながら**　はっきりしないけれども。

教33ページ

1 **腐乱《ふらん》**　腐ってただれること。

6　**「ある強《つよ》い感情《かんじょう》」とは、どのような感情か。**

答　猿のような老婆が死骸の中にうずくまって女と思われる死骸の顔を眺めているのを見たときの、しばらく息をし忘れるほどの「六分の恐怖と四分の好奇心」が入り混じった感情。

2 **ことごとく**　残らず。すべて。

8 **六分《ろくぶ》の恐怖《きょうふ》と四分《しぶ》の好奇心《こうきしん》**　このときの下人の心の中では、恐怖のほうが好奇心よりも強いことを示している。

8 **暫時《ざんじ》**　しばらくの間。

9 **旧《きゅう》記《き》の記者《きしゃ》の語《ご》を借《か》りれば**　古い物語(ここでは『今昔物語集』)の作者の表現を借りると。

7　**「恐怖《きょうふ》」が「憎悪《ぞうお》」へと変わったのはなぜか。**

答　老婆が死人の髪の毛を抜いていると知り恐怖が薄らぐにつれ、老婆の死者を汚す行為を許せないという思いがわいたから。

12 **髪《かみ》は手《て》に従《したが》って抜《ぬ》けるらしい**　髪は手を動かせば抜けるらしい。

14 **それと同時《どうじ》に**　死骸から髪の毛が一本ずつ抜けるのに従って、下人の心から恐怖が少しずつ消えていくのと同時に。

15 **語弊《ごへい》**　言葉の使い方が不適切であるために起こる弊害。

15 **あらゆる悪《あく》に対《たい》する反感《はんかん》**　世の中の醜いもの、不道徳なものすべてを拒否する漠然とした感情。

教34ページ

5 **片《かた》づけて**　ここでは、判断して、の意。

7 **許《ゆる》すべからざる**　許すことはできない。

8 **……なぞ**　……など。……なんか。

8 **とうに**　とっくに。ずっと前に。

第三段落　教34ページ9行〜38ページ2行

下人は楼の上に飛び上がり、逃げようとする老婆をねじ倒して何をしていたか尋ねた。下人は憎悪の心が冷め、安らかな得意と満足とを感じた。老婆は、髪を抜いてかつらにしようと思った、悪いことかもしれないがここの死人《しびと》はそのくらいされてもいい人間ばかりだ、死人も自分も飢え死にしないためにしかたがなくしたので悪いこととは思わない、死人も大目に見てくれるだろうと言った。それを聞くうちに盗人になる勇気を得た下人は、では俺が追い剝ぎをしても恨むまいな、と言って老婆から着物を剝ぎ取ると、老婆を蹴倒してはしごを駆け下りた。

教34ページ

10 **大股《おおまた》に老婆《ろうば》の前《まえ》へ歩《あゆ》み寄《よ》った**　最初は「やもりのように足音を盗んで」(教32ページ7行)いた下人が、堂々と足音を立てて老婆に近寄っている。下人の心理の変化が行動に表れている。

8　**このときの老婆の「驚《おどろ》き」は、どのようなものか。**

答

雨の夜の羅生門の上なので、老婆も誰もいないと考えていたはずで、人がいたことと、自分が死人の髪の毛を抜くという悪いことをしているところを見られたことに、弩《いしゆみ》にはじかれたかのように飛び上がるほど、ひどく驚いた。

13 **おのれ**　ここでは、きさま、こいつ、の意。相手を罵る表現。

14 **慌《あわ》てふためいて**　慌ててばたばたして。

教35ページ

3 **白《しろ》い鋼《はがね》の色《いろ》**　太刀の刃をさす。刃の色で刃そのものを表す比喩表現。

4 **わなわな**　恐怖・興奮・寒さなどで体が小刻みに震える様子。

4 **肩《かた》で息《いき》を切《き》りながら**　苦しそうに息をしながら。「息《いき》を切《き》る」＝驚きや恐怖で苦しそうに呼吸をする。「肩で息を切る」は「肩で息をする」とも言う。

5 **眼球《がんきゅう》がまぶたの外《そと》へ出《で》そうになるほど**　老婆が恐怖に陥っている様子を示している。

9　**「この老婆《ろうば》の生死《せいし》が、……支配《しはい》されている」とは、どういうことか。**

答　老婆を生かすも殺すも、下人の意志一つで決められるということ。

9 **円満《えんまん》**　ここでは、不満や争いのないこと、の意。

9 **成就《じょうじゅ》**　成し遂げること。でき上がること。

11 **今《いま》し方《がた》この門《もん》の下《した》を通《とお》りかかった旅《たび》の者《もの》だ**　通りすがりの者だということで老婆を安心させ、自分が困窮していることを隠しプライドを保ちたかったので嘘《うそ》をついている。「今し方」＝たった今。

12 **縄《なわ》をかけて**　ここでは、罪人として捕らえて、の意。

15 **肉食鳥《にくしょくちょう》のような、鋭《するど》い目《め》**　タカやワシのような鋭い目。一分の隙も見逃さない、油断のならない目をたとえた表現。

教36ページ

1 **あえぎあえぎ**　荒く息をしながら。

10　**「老婆《ろうば》の答《こた》えが存外《ぞんがい》、平凡《へいぼん》なのに失望《しつぼう》した」のはなぜか。**

答　雨の夜、羅生門の上で「ただの者ではない」老婆が死人の髪の毛を抜くという異様な状況から、何か特別な答えを期待していたのに、老婆の答えが案外現実的なものでがっかりしたから。また、老婆がありふれた悪人であれば、それを捕らえた自分の功績も価値が下がるように思えたから。

「存外」＝思いのほか。案外。

4 **侮蔑《ぶべつ》**　あなどりさげすむこと。

4 **その気色《けしき》**　下人が失望や憎悪に加え、老婆に対して冷ややかな侮蔑を感じていること。

「気色」＝ここでは、態度や顔色などに表れた心の動き、の意。

4 **先方《せんぽう》**　老婆のこと。

5 **持《も》ったなり**　持ったまま。「……たなり」は、……したまま、の意。

6 **口《くち》ごもりながら**　言葉につまりながら。

7 **なんぼう**　どんなにか。どれほど。

8 **そのくらいなこと**　死人の髪の毛を抜くくらいのこと。

10 **往《い》んだ**　行った。

10 **死《し》ななんだら**　死ななかったら。

12 思《おも》うていぬ　思ってはいない。

13 せねば、飢《う》え死《じ》にをするのじゃて　（蛇を干し魚だとだまして売ることを）しなければ、飢え死にをするのだから。

13 されば　だから。

14 これとてもやはりせねば　死人の髪の毛を抜いてかつらにすることも、やはりしなければ。

16 おおかた　たぶん。おそらく。

16 大目《おおめ》に見《み》て　あまりとがめず寛大に扱って。

教37ページ

1 冷然《れいぜん》として　冷ややかな態度で。

11　「ある勇気《ゆうき》」とはどのような勇気か。

答　直後の「さっき門の下で、この男には欠けていた勇気」のこと。具体的には、「『盗人になるよりほかにしかたがない。』ということを、積極的に肯定するだけの、勇気」（教31ページ5行）であり、盗みをしてでも生きていこうとする勇気のこと。

8 意識《いしき》の外《そと》に追《お》い出《だ》されていた　すっかり忘れてしまっていた。

12　「嘲《あざけ》るような声《こえ》」とは、下人のどのような気持ちの表れか。

答　老婆は、自分の行動を正当化するために、悪い者には悪いことをしてもかまわない、生きるためには悪いことをするのもしかたがない、という論理を用いたが、その論理によって、老婆自らがこれから自分（下人）によってひどい目にあうことになる、という皮肉な展開を、下人が笑いたい気持ち。

「嘲る」＝人を軽蔑して悪く言ったり笑ったりする。

教38ページ

2 夜《よる》の底《そこ》　門の下の真っ暗闇。比喩的な表現である。

第四段落　教38ページ3行〜38ページ8行

間もなくして老婆ははしごの口まで這《は》っていき、門の下をのぞき込んだが、外には黒洞々《こくとうとう》たる夜があるばかりである。下人の行方は、誰も知らない。

6 外《そと》には、ただ、黒洞々《こくとうとう》たる夜《よる》があるばかりである　真っ暗闇であるだけでなく、下人がこれから生きていく世界の暗さをも示している。

手引き

活動の手引き

一　**下人の心理の推移に着目して、次の手順に従って本文の展開を把握しよう。**

1　下人の行動とそのときの心理を、(1)〜(3)ごとに整理してみよう。

(1)羅生門の下で雨やみを待っているときから、楼に上るはしごを見つけるまで。

(2)楼に上ってから、死骸の髪の毛を抜く老婆を見るまで。

(3)老婆を取り押さえてから、老婆の語りを聞く前まで。

2　老婆の語りが、下人の心理の転換点となっていることを押さえたうえで、老婆が語る、自分の行為に対する弁明の要点を二点にまとめよう。

3　下人の考えは、最後にどのような結論に「逢着」したのか。老婆の弁明を自らの結論にどのように応用したのかをふまえながら、説明してみよう。

解答例　1　(1)〈行動〉雨に降りこめられ、行き所がなくて途方に暮れている。

〈心理〉生きるためには手段を選ばないということを肯定しながらも、盗人になることを積極的に肯定する勇気を持てない。

(2)〈行動〉誰もいないと思っていた楼の上に火が見えて驚くが、まともな人間ではないと思い、気づかれないよう慎重に中を覗《のぞ》く。

〈心理〉鼻を覆いたくなる臭気も忘れるほど、六分の恐怖と四分の好奇心に支配される。

(3)〈行動〉老婆を取り押さえ、太刀を突きつける。何をしていたのかと老婆に問う。

〈心理〉老婆の生死は自分の意志に支配されていることを意識し、憎悪は冷め、安らかな得意と満足を覚える。老婆の話を聞くと、失望すると同時に、それまでの憎悪が冷ややかな侮蔑といっしょに心の中に入ってくる。

2　・生きるためならば悪いことをするのはしかたない。

・それを理解している人は、他者が自分に悪いことをしても大目に見るだろう。

3　自分も生きるために老婆に引《ひ》剝ぎをするが、生きるために悪いことをすることをしかたないと老婆は理解しているのだから、自分のことも大目に見るだろうというように応用し、悪を働く勇気を持った。

二　**老婆の弁明を自分はどのように受け止めるか。現代の倫理観に照らして、各自の意見を述べ合おう。**

考え方　現代でも盗みや追い剝ぎは悪であるが、生きるためにしかたのないことだとすれば、そのようなことをしてもよいのだろうか。また、自分がよければ、他のことは犠牲になってもよいのだろうか。現代の日常では、悪人にならなければ死ぬしかないという状況になることはないが、老婆はそのような状況に置かれていたことを意識して考える。

三　**下人の「引剝ぎ」(三七・13)という行為に対して、下人の行為を否定する立場、または、下人の行為を擁護する立場のいずれかに立って、各自の考えを文章にまとめて発表し合おう。**

考え方　それぞれの立場の意見の根拠を考えよう。

〈否定〉どんな状況であっても盗みはよくない。別の手段を考えるべきだ。

〈肯定〉極限状態にいる以上、ある程度の悪は許されるのではないか。

言葉の手引き

一　**次のかたかなを、訓読みの語は送り仮名も含めて、漢字に改めよう。**

1　キガによる死者が増える。

2　幼いころの出来事をカエリミル。

3　事故で列車がチエンする。

4　運動不足で体力がオトロエル。

5 バッグンの成績で入学する。
6 シセイに生きる人々を描く。
7 敵の実力をアナドル。
8 彼の不安をイッシュウする。

解答 1 飢餓 2 顧みる 3 遅延 4 衰える
5 抜群 6 市井 7 侮る 8 一蹴

二 次の語を正しく読んでみよう。

1 草履 2 憎悪
3 成就 4 行方

解答 1 ぞうり 2 ぞうお 3 じょうじゅ 4 ゆくえ

三 次の慣用表現の意味を調べ、それぞれを使って短文を作ろう。

1 たかをくくる(三一・3)
2 大目に見る(三六・16)

解答例 意味は省略(「段落ごとの大意と語句の解説」を参照)。
1 格下の対戦相手と思ってたかをくくって試合に臨んだが、接戦の末、負けてしまった。
2 次の機会に埋め合わせをするので、今回は大目に見てください。

四 動物を使った比喩を本文中から抜き出し、その表現効果を説明してみよう。

解答例 ・犬のように捨てられてしまう(三一・1)…人が人らしく扱ってもらえないほど、世間が混乱していることを表す。
・猫のように身を縮めて(三一・17)…下人が小さくなり、恐怖を感じていることを表す。またあとで老婆の生死を握っている感覚を得るほど立場が変わるが、その変化を印象づけている。
・やもりのように足音を盗んで(三二・7)…下人が足音を立てず、身を低くしてはしごを上る様子と、その姿が不気味なことを表す。
・猿のような老婆(三三・5)…老婆の小ささ、細さを強調している。
・猿の親が猿の子のしらみを取るように(三三・11)…老婆の姿が猿のようであることを強調しつつ、その動作が丁寧であり、無理に抜いているのではないことを表す。
・鶏《とり》の脚のような、骨と皮ばかりの腕(三五・1)…老婆が貧しく満足に食べられておらず、力もない、非力な人であることを表す。
・まぶたの赤くなった、肉食鳥のような、鋭い目(三五・15)…非力だが、精神は弱っておらず、下人に強い敵意があることを表す。
・からすの鳴くような声(三五・17)…老婆の声が美しくなく、小さくもないことを表し、老婆の精神の強さを感じさせる。
・蟇《ひき》のつぶやくような声(三六・6)…声は相変わらず美しくないが、下人が先の自分の言葉に失望し、侮蔑を覚えたことを察し、気が弱くなったことを表す。

2 水の東西

山崎《やまざき》正和《まさかず》

教科書P.42〜47

●学習のねらい

東西の対比関係を用いながら、日本の水文化に見られる特徴について論じる叙述の方法を把握する。

●要旨

「鹿《しし》おどし」と噴水という、日本と西洋の二つの水の芸術の違いは、日本人と西洋人の伝統や感性の違いに根ざしている。

●段落

本文は、「起・承・転・結」の四段落構成となっている。

一　教P42・1〜P42・11　流れるものを感じさせる「鹿おどし」

二　教P43・1〜P45・1　空間に静止する彫刻さながらの噴水

三　教P45・2〜P46・1　日本に噴水が少ない理由

四　教P46・2〜P46・11　日本人の感性と水の鑑賞のしかた

段落ごとの大意と語句の解説

第一段落　教42ページ1行〜42ページ11行

「鹿おどし」は、竹のシーソーの一端に水受けがついていて、それが筧《かけひ》の水でいっぱいになると、シーソーが傾いて水をこぼすというもので、水受けが跳ね上がるとき、竹が石をたたいて優しい音を立てる。単純で緩やかなリズムを無限に繰り返す「鹿おどし」は、我々に流れるものを感じさせ、それをせき止め、刻むことで、かえって流れてやまないものの存在を強調している。

教42ページ

1その愛嬌《あいきょう》　「鹿おどし」の愛嬌。「鹿おどし」の単純な動きや仕組みをさして、こう述べている。

「愛嬌」＝人に好ましさや愛らしさを感じさせる様子。

1　**「人生《じんせい》のけだるさのようなもの」という比喩が表す内容を、この後の文章でどのように述べているか。**

答　「単純な、緩やかなリズムが、無限にいつまでも繰り返される」（教42ページ6行）ものであり、「緊張」が高まってはほどけ、「何事も起こらない徒労がまた一から始められる」（同ページ7行）ものである。

4緊張《きんちょう》が一気《いっき》に解《と》けて　「鹿おどし」が傾いて水をこぼす様子を表

す。同ページ3行の、水がたまっていく様子を表す「緊張が高まり」、6行の「緊張が高まり、それが一気にほどけ」にも注意。「一気に」＝休まないでひといきに。

5 **くぐもった**　こもった。はっきりしない。

6 **単純《たんじゅん》な、緩《ゆる》やかなリズム**　「鹿おどし」の水受けに筧の水が少しずつたまり、いっぱいになると、シーソーが傾いて水をこぼす。そして水受けが跳ね上がるとき、竹が石をたたいてくぐもった音を立てる。この繰り返しのことをこのように表現している。

7 **徒労《とろう》**　無駄な骨折り。ここでは、「鹿おどし」の水がたまっては水をこぼすという繰り返しをさしている。

8 **くぐもった音響《おんきょう》が時《とき》を刻《きざ》んで**　「鹿おどし」が一定の間隔をおいて規則的に音を立て続けることを表現している。

8 **静寂《せいじゃく》**　静まりかえっていること。静かでひっそりしていること。

8 **いやがうえにも**　ますますいっそう。

8 **引《ひ》き立《た》てる**　ここでは、特にきわだって感じさせる、の意。

2　「それ」は何をさすか。

答　水の流れや時の流れなど、流れを感じさせるもの。その流れ。

10 **この仕掛《しか》け**　「鹿おどし」のこと。

10 **流《なが》れてやまないもの**　やむことなく流れ続けるもの。

第二段落　教43ページ1行～45ページ1行

ニューヨークの銀行で「鹿おどし」を見たが、人々はそれよりも窓の外の華やかな噴水に心を和ませていた。「鹿おどし」は流れる水、噴水は噴き上げる水と言える。ヨーロッパやアメリカの広場や庭園では、噴水が風景の中心であり、噴水は彫刻のように、音を立てて空間に静止しているように見えた。

教43ページ

3 **素朴《そぼく》**　ここでは、人の手があまり加わっていない様子、の意。

5 **一《ひと》つの音《おと》と次《つぎ》の音《おと》との長《なが》い間隔《かんかく》を聞《き》く**　「長い間隔」とは、「鹿おどし」の竹が石をたたいて音を立ててから、再び水受けにたまった水をこぼして跳ね上がり、石をたたいて音を立てるまでの間隔のこと。実際には「音を聞く」のであり、「間隔を聞く」のではない。長い間隔をおいて音を聞くことを表現している。

8 **くつろがせていた**　ゆっくり落ち着かせて休ませていた。

12 **至《いた》る所《ところ》に**　行く先々に。どこにでも。

12 **名《な》のある**　評判のよい。有名な。

13 **趣向《しゅこう》を凝《こ》らして**　おもしろみや味わいを出すための工夫を盛り込んで。ここでの「趣向」は、噴水を作るうえでのおもしろい工夫。

14 **添《そ》えもの**　主役となるものにつけ加えられただけのもの。

15 **壮大《そうだい》な水《みず》の造型《ぞうけい》**　見事な噴水をさす表現。

15 **とどろきながら**　鳴り響きながら。

15 **林立《りんりつ》している**　林のように多く並び立っている。

15 **息《いき》をのんだ**　はっと驚いて一瞬息を止めた。

16 **……さながら**　……そっくり。……そのまま。

16 **ほとばしる**　勢いよく噴き出て飛び散る。

3　「音《おと》を立《た》てて空間《くうかん》に静止《せいし》している」とは、どういう状態を言い表したものか。

答　噴水が形作る壮大な水の造型が、とどろきながら空間に彫刻のように確固とした物体として存在しているという状態。

第三段落　教45ページ2行〜46ページ1行

「鹿おどし」は時間的な性格、噴水は空間的な性格を持つ。日本人は古くからせせらぎや滝など、水を見ることを好んだが、噴水だけは近代までほとんど作らなかった。日本人にとって水は、自然に流れる姿が美しいのであり、造型する対象ではなかったのだろう。

教45ページ

5 **せせらぎ**　浅い瀬などを水が流れる音。浅い小さな流れ。小川。

8 **伝統《でんとう》は恐《おそ》ろしいもので……西洋《せいよう》のものほど美《うつく》しくない**　噴水を作り、その美を好む伝統がない日本で、西洋をまねて噴水を作っても、あまり美しくない、ということを述べている。

11 **町《まち》の広場《ひろば》はどことなく間《ま》が抜《ぬ》けて**　本来中心となるべき噴水が貧弱なため、もの足りない感じで。
「間が抜けて」＝大事なものが抜けてぼんやりして見えて。

12 **表情《ひょうじょう》に乏《とぼ》しい**　町の広場の様子を人の表情にたとえた言い方。
噴水が貧弱なため、のっぺりした感じがすることを表現している。

4　**「外面的《がいめんてき》な事情《じじょう》」とは何か。**

答　湿度が高い日本では空気が乾いた西洋の国々ほど噴水を求める気持ちが強くなかったことと、日本では西洋のような水道の技術が発達していなかったこと。

教46ページ

1 **圧縮《あっしゅく》したりねじ曲《ま》げたり、粘土《ねんど》のように造型《ぞうけい》する**　西洋人が、水の勢いや方向を変えるなど人工的な力を加えてさまざまな趣向を凝らした噴水を作ることを表現している。

第四段落　教46ページ2行〜46ページ11行

日本人は、形なきものを恐れない感性を持っている。「鹿おどし」は見えない水、噴水は目に見える水であるとも言える。断続する音の響きを聞き、その間隙に流れるものを心で味わう「鹿おどし」は、日本人が水を鑑賞する最高の仕掛けだと言えよう。

教46ページ

3 **西洋人《せいようじん》と違《ちが》った独特《どくとく》の好《この》み**　はっきり目に見える造型を好む西洋人と違い、日本人が決まった形がなくとも自然にまかせたままの姿を好むことをさしている。

4 **行雲流水《こううんりゅうすい》**　空を行く雲や流れる水のように、一つの物事に執着することなく、自然の成り行きにまかせて行動すること。

4 **そういう思想《しそう》**　「行雲流水」という言葉にこめられた思想。

5　**何をもって「受動的《じゅどうてき》な態度《たいど》」と言うのか。**

答　水のように形がないものに対して、西洋人のように形を与えるのではなく、形がないまま受け入れるという態度。

9 **断続《だんぞく》する**　途切れたり続いたりする。

9 **間隙《かんげき》**　あいだ。すきま。

10 **そう考《かんが》えれば**　日本人が水を実感するためには、流れを感じることが最も大切であり、直接水を見る必要はなく、ただ断続する音の響きを聞いて、その間隙に流れるものを間接に心で味わえばよい、と考えれば。

手引き

学習の手引き

一 最初の二つの形式段落において、筆者が最も述べたいことを一文で答えよう。

解答例 「鹿おどし」は、無限に繰り返される単純で緩やかなリズムによって、我々に流れるものを感じさせ、それをせき止め、刻むことによって、かえって流れてやまないものの存在を強調している。

二 次の三つの対比的表現が表している具体的内容をそれぞれ考え、これらの表現が本文の展開のうえでどのような役割を果たしているか、説明してみよう。

1 流れる水と、噴き上げる水。（四三・10）

2 時間的な水と、空間的な水。（四五・2）

3 見えない水と、目に見える水。（四六・7）

解答例 1 「鹿おどし」に流れる水と華やかな噴水の水。二つの水の形態的な違いを捉え、話題をそれまでに述べてきた日本の「鹿おどし」からヨーロッパやアメリカの噴水へと展開する役割。

2 「鹿おどし」に流れる水のように、水の流れとも時の流れとも言える流れを感じさせる水と、エステ家の別荘の噴水のように、空間に壮大な造型として静止している水。それぞれの水の性質を捉え、日本人が噴水をあまり作らなかった理由の考察へと展開する役割。

3 目に見える形がなく、流れを感じることで実感する水と、趣向を凝らして造型され、目に見える形のある水。日本人と西洋人が好むのは、それぞれどのような水かを捉え、「鹿おどし」は日本人が水を鑑賞する極致の仕掛けだというまとめにつなげる役割。

三 「鹿おどし」が「日本人が水を鑑賞する行為の極致を表す仕掛けだと言えるかもしれない。」（四六・10）と述べる理由を、本文に沿って説明してみよう。

解答例 自然に流れる水を美しいと思い、その流れを感じることを最も大切だと考える日本人にとって、断続する音の響きを聞き、その間隙に流れるものを間接に心で味わう「鹿おどし」は、自然な水の流れを鑑賞するのに最高の形だから。

活動の手引き

一 筆者が自身の考えを、広く日本人全般が持つ「感性」へと一般化していることに対して、どのような感想を持つか。自分の考えを文章にまとめて発表し合おう。

考え方 筆者は「鹿おどし」を例に、日本人は自然に流れる水に美しさを感じるという考えを述べたあと、それは形のないものを恐れない「行雲流水」の思想にも通ずる日本人の「感性」であると一般化している。この論理の展開のしかたに納得できるかどうか、自分はどのように考えるかを明らかにしてまとめよう。

二 世界各国の水を用いた芸術や仕掛けを調べ、説明文にまとめて発表し合おう。

考え方 水を用いた芸術や仕掛けには、次のものなどがある。

11 極致《きょくち》 このうえのない最上の状態。

・水琴窟《すいきんくつ》(日本)…地中に瓶《かめ》などを逆さに埋めて空洞を作り、そこに滴り落ちる水の反響を楽しむ仕掛け。

・シーオルガン(クロアチア)…海に向けた石段の形をしていて、複数の穴がある。下に海水が入る管が設置されていて、波の力で穴から空気が押し出されることで和音を奏でるようになっている。

・ガール水道橋(フランス)…フランスのガール県にある、古代ローマ時代に建設された石造の水道橋。ローマの水道では、高低差を利用して水を送っており、川や谷を渡る地点には水道橋が架けられた。ガール水道橋は三層のアーチを重ねた構造で、最上層の水路と下二層の人道・車道に分かれている。

・ヴィルヘルムスヘーエ城公園(ドイツ)…丘の上から園内に設けられた滝や水路を経由して下ってきた水が、高低差による水圧で五十メートルを超える高さの噴水となって噴き出す、「水の芸術」と呼ばれる催しが行われる。

・水時計(エジプトほか)…水が漏れる小さな穴のあいた容器を使い、残りの水、あるいは流れ落ちた水の量によって時間を計る装置。世界各地にあり、現存する世界最古のものは古代エジプトのものである。日本にも漏刻《ろうこく》と呼ばれる中国由来のものがある。

言葉の手引き

一 次のかたかなを漢字に改めよう。

1 本番を前にキンチョウする。
2 オンキョウ設備を確認する。
3 あたりがセイジャクに包まれる。
4 シュコウを凝らした噴水。
5 アッシュクされて固くなる。
6 日本にはドクトクの文化がある。

解答 1 緊張　2 音響　3 静寂　4 趣向　5 圧縮　6 独特(独得)

二 次の同音異義語を漢字に改めよう。

1 キョウチョウされた表現。
　労使間のキョウチョウをはかる。
2 文化をショウカイする。
　身もとをショウカイする。
3 標識を一定のカンカクに配置する。
　金銭カンカクを身につける。

解答 1 強調・協調　2 紹介・照会　3 間隔・感覚

三 次の語句を使って、短文を作ろう。

1 いやがうえにも(四二・8)
2 息をのむ(四三・15)
3 さながら(四三・16)
4 もはや(四六・8)

解答例 1 エースの登場に、会場は、いやがうえにも盛り上がった。
2 目の前に広がる雲海の美しさに息をのんだ。
3 彼女の体調管理の方法は、一流のアスリートさながらである。
4 彼のこれまでの功績は、もはや説明するまでもないだろう。

ものとことば

鈴《すず》木《き》孝《たか》夫《お》

教科書P.49～56

学習のねらい

具体（例示）と抽象（意見）の関係を整理して論理構成を把握し、筆者が主張する言語の性質を理解する。

要旨

私たちは、森羅万象にはそれを表すことばがあるという実感を抱いており、多くの人は、同じものが、国や言語が異なれば別のことばで呼ばれるという認識を持っている。筆者はこれに対し、ことばがものをあらしめているのであり、言語の違いによって異なる名称で呼ばれているものは、違うものを表すと考える。私たちはことばによって世界を認識していて、言語の構造が違えば認識される世界も変わる。ことばは、連続的で切れ目のない世界を、ものやことの集合であるかのように提示してみせる虚構性を持っているのである。

段落

本文は、一般的な考え方について述べた序論と、筆者の考えについて述べた本論と結論の、三つの段落に分けられる。

一　教P49・1～P51・10　ものに対応することば
二　教P51・11～P55・3　ことばがものをあらしめる
三　教P55・4～P55・8　ことばの持つ虚構性

段落ごとの大意と語句の解説

第一段落　教49ページ1行～51ページ10行

私たちは、生活をとりまくものやこと、つまり森羅万象にはすべてそれを表すことばがあるという素朴で確かな実感を抱いている。そして、多くの人は、同じものが、国が違い言語が異なれば全く違ったことばで呼ばれるという認識を持っており、一種の信念とも言うべき大前提になっている。

教49ページ

4　**雑然《ざつぜん》と**　いろいろなものがごちゃごちゃと入り乱れている様子。
6　**ぎっしり**　ものが隙間なく詰まっている様子。
10　**多岐《たき》にわたっている**　人間の身の回りの製品の種類の多さを表し、私たちがたくさんのものに囲まれていることを強調している。「多岐にわたる」＝物事が多方面に及んでいる。

教50ページ

1　**膨大《ぼうだい》**　非常に大きい様子。
1　**固有《こゆう》の名称《めいしょう》**　そのものだけにある名前。ここでは、自然界の鳥類や動物、昆虫、植物などにそれぞれ個別の名前があることをさす。
4　**微妙《びみょう》なこと**　簡単には言い表せないほど、細かく複雑なこと。ここでは、「もの」に対して、「物体の動き」、「人間の動作」、「心の動き」などの事柄をさす。

9 **総和《そうわ》** 全体を合わせた数量。

14 **どんどん細《こま》かくなっていく** 自動車やジェット機という一種類のものが、それぞれ名のついた多数の部品からできており、その部品を構成する材料にも名前があるというように細かくなっていくことを表している。

1 **「ものとことばは、互《たが》いに対応《たいおう》しながら人間《にんげん》を、その細《こま》かい網目《あみめ》の中《なか》に押《お》し込《こ》んでいる。」とは、どういうことか。「細かい網目」という比喩に注意して説明してみよう。**

答 私たち人間は、ものとそれに対応することばの結びつきが、隙間なく編まれた網目のように細かい部分にまで及んでいる状態の中で生活しているということ。

16 **森羅万象《しんらばんしょう》** 宇宙に存在する一切の事物や現象。

教51ページ

2 **筆者がここで「素朴《そぼく》な、そして確《かく》たる実感《じっかん》」という表現を用いた意図は何か。**

答 私たちが「森羅万象には、すべてそれを表すことばがある」ということを、ごく当たり前の、疑う余地のないことであると考えていることを改めて認識させる意図。

「素朴」＝素直で飾り気がない様子。考え方が単純である様子。

「確たる」＝たしかで、はっきりしている様子。

「実感」＝ここでは、心の底からそうだと感じること。その気持ち。実際に実物に接したときに得られる感じ、という意味もある。

3 **「同《おな》じものが、言語《げんご》が違《ちが》えば別《べつ》のことばで呼《よ》ばれるという、一種《いっしゅ》の信念《しんねん》とでも言《い》うべき、大前提《だいぜんてい》」と同じ内容を、これより前ではどう表現しているか。**

答 「『同じものが、国が違い言語が異なれば、全く違ったことばで呼ばれる。』という認識」（教51ページ3行）

「前提」＝あることが成立するためのもととなる条件。

第二段落　教51ページ11行〜55ページ3行

哲学者や言語学者の中には、先の前提に疑いを持つ人がいる。筆者も言語学の立場から、まずものがあって、それにことばがつけられるのではなく、ことばがものをあらしめているのであり、同一とされるものも、言語の違いによって異なる名称で呼ばれれば、違うものを提示すると考えている。「初めにことばありき」で、私たちはことばによって世界を認識しているのであり、ことばの構造やしくみが違えば、認識される対象も当然変化する。机を例にとってみれば、机を外見的具体的な特徴から定義することはほとんど不可能であり、机をあらしめているものは、人間に特有な観点であり、ことばの力によるのである。

教51ページ

15 **レッテルを貼《は》る** 一方的・断定的に評価をする。ここでは、そのものにあらかじめ決まった名前が存在しているかのように、ことばをつけることをさす。

16 **ことばが逆《ぎゃく》にものをあらしめている** ものが先にあってそれぞれ名がつけられているのではなく、ことばがものを認識させているということ。

「あらしめる」＝あるようにさせる。そのような状態や存在にさせる。

教52ページ

4 **この第一《だいいち》の問題《もんだい》**　ものとことばはどう対応しているのかという問題。

7 **……ということに尽《つ》きる**　それですべてが言い尽くされる。「初めにことばありき」ということばで自分の立場が言い尽くされている、ということ。

8 **空々漠々《くうくうばくばく》**　何もなく、果てしなく広い様子。また、ぼんやりしていて、捉えどころがない様子。ことば以前の世界にものが全く存在していなかったという意味ではない、と言おうとしている。

4 **「世界《せかい》の断片《だんぺん》」とは、どのようなものか。**

答 ことばによって認識される以前の、素材として世界にあるさまざまな事物。

5 **「窓口《まどぐち》」という比喩は、どういう内容を表しているか。**

答 ことばが、いろいろな事物をはじめとする世界全体を認識するための糸口になっているということ。

教53ページ

1 **把握《はあく》する**　しっかり理解する。

3 **比喩《ひゆ》**　物事を、他の物事にたとえて表現する技法。

6 **「そこにものがあっても、それをさす適当《てきとう》なことばがない場《ば》合《あい》、そのものが目《め》に入《はい》らない」とは、どういうことか。**

答 ものは、ことばによってはじめて認識されたり、別のものと区別されたりするため、そのものをさすことばがない場合には認識できないということ。

7 **抽象的《ちゅうしょうてき》な議論《ぎろん》**　概念的なことばだけによるわかりにくい議論、という意味。

16 **外見的具体的《がいけんてきぐたいてき》な特徴《とくちょう》から定義《ていぎ》することは、ほとんど不可能《ふかのう》である**　机を定義するには、「人間側の要素」が関わらなければならないという説明につながっている。

教54ページ

12 **人間側《にんげんがわ》の要素《ようそ》**　人がそのものを利用する目的や、人とそのものとの相対的位置など、人間側から見た要素。
「要素」＝あることを成り立たせているもの。

教55ページ

2 **人間《にんげん》に特有《とくゆう》な観点《かんてん》**　「人間側の要素」をさす。机をあらしめているのは、人間から見て条件に合うものをそのように定義しているからであり、ことばの力によるものであることを述べている。

第三段落　教55ページ4行〜55ページ8行

ことばは、連続的で切れ目のない素材の世界に、人間の見地から、人間にとって有意義と思われるしかたで虚構の分節を与えて分類し、世界をものやことの集合であるかのように提示してみせる虚構性を持っているのである。

教55ページ

4 **渾沌《こんとん》とした、連続的《れんぞくてき》で切《き》れ目《め》のない素材《そざい》の世界《せかい》**　ことばによってものやことがあらしめられる前の漠然とした世界を表現している。

7 **「虚構《きょこう》の分節《ぶんせつ》を与《あた》え」るとは、どういうことか。**

答　まだ認識されていない素材の世界を、ことばによって人間にとって有意義なように区分すること。

手引き

学習の手引き

一　「ところが」(五一・11)という接続詞に注目して、この語の前の文章と後の文章とで何が対比されているか、説明してみよう。

考え方　まず、「ところが」で始まる段落の三つ前の段落からの内容を押さえる。ここでは、多くの人に「ものがあれば必ずそれを呼ぶ名としてのことばがある」という考えと、「同じものが、国が違い言語が異なれば、全く違ったことばで呼ばれる」という認識があると述べている。一方、「ところが」の後の段落では、一部の「哲学者や言語学者」が、これらの考え方について「疑いを持って」おり、「ことばが逆にものをあらしめている」、「異なった名称は、程度の差こそあれ、かなり違ったものを、私たちに提示している」と考えていることが説明されている。

二　右で考えた対比の具体的内容を、二点に分けて、対立関係がわかるように整理しよう。

解答例　・ものには必ずそれを呼ぶ名としてのことばがある。
⇔
ことばがものをあらしめている。

・同じものでも、国や言語が異なれば全く違うことばで呼ばれる。
⇔
異なった名称は、かなり違ったものを提示している。

三　「ことばが逆にものをあらしめている」(五一・16)とは、どういうことか。「机」の定義の例を使って、具体的に説明してみよう。

解答例　形態や素材などの「外見的具体的な特徴」からではなく、人がその上で何をするかという「利用目的」や「人との相対的位置」といった「人間側の要素」に見合うものを「机」と定義しているように、「もの」を存在させているのは、人間に特有な観点であり、ことばの力によるものであるということ。

四　最終段落は、内容的に重複する二つの文が表現を変えて繰り返されている。最後の一文を加えた意図を、本文中の記述をもとにして説明してみよう。

解答例　最終段落の二文目には、本文中に多用されていた「もの」や「こと」という表現が使われている。一文目が本文の結論であるが、二文目に「もの」や「こと」という表現を用いて言い換えることで、筆者の主張をよりわかりやすく説明しようという意図がある。

活動の手引き

一　本文で例示されている「机」の定義を参考にして、家具としての「棚」を、「机」や「床」と区別できるように定義し、文章にまとめて発表し合おう。

考え方　「棚」は、人がその上に物を置いたり飾ったりするための、板などでできている、床と離れている平面などと言うことができる。

二　「ことばの構造やしくみが違えば、認識される対象も当然ある程度変化せざるを得ない。」（五三・15）と筆者が述べる例を、教科書本文と同じ原典を使って調べ、報告しよう。

考え方　原典では、化学式でH_2Oで表記される物質が、日本語では「氷」「水」「湯」などと呼び分けられているのに対して、英語では「ice」「water」の二語、マレー語では「ayĕr」の一語しかないということが説明されている。

言葉の手引き

一　次の同音異義語を漢字に改めよう。

1　全くケントウがつかない。
　　解決策をケントウする。
　　互いのケントウをたたえる。
2　意見のソウイがある。
　　全員のソウイで決める。
3　思考のチュウショウ度を上げる。
　　いわれのないチュウショウを受ける。
4　動物のケイタイを調べる。
　　免許証をケイタイする。

解答　1　見当・検討・健闘　2　相違・総意
3　抽象・中傷　4　形態・携帯

二　「十指」を使った次の慣用表現の意味を調べ、それぞれを使った短文を作ろう。

1　十指に入る
2　十指に満たない
3　十指に余る
4　十指の指すところ

解答例　1　意味…上位十人の中に入る。
短文…彼女は我が校で十指に入る秀才だ。
2　意味…十より少ない。
短文…この話は十指に満たない人しか知らない。
3　意味…十より多い。際立ったものをあげていくと十以上になる。
短文…十指に余る資格を持つ。
4　意味…多くの人の意見が一致すること。多くの人が認めるところ。
短文…彼がキャプテンにふさわしいことは、十指の指すところだ。

三　「森羅万象」の意味と語の成り立ちを調べ、これと似た成り立ちを持つ「□□万□」の形の四字熟語を探してみよう。

解答例　意味…省略（「語句の解説」を参照）
成り立ち…「森羅」は森林の羅列を表し、多く連なること。「万象」は形あるすべてのもの。合わせて無数に存在するすべてのものを表す。
四字熟語…千差万別・千変万化・千言万語

砂に埋もれたル・コルビュジエ

原《はら》田《だ》マハ

教科書P.58〜69

●学習のねらい

父との過去の会話を重層的に描いた構成を把握し、一冊の本にまつわる三人の人間の思いを読み取る。

●主題

ル・コルビュジエというフランスの建築家の著書『輝く都市』に絡めて、眞砂子《まさこ》、父、眞砂子の祖父のところで働いていた正司《しょうじ》さんの三人の夢と、父と正司さんは戦争など時代のためにその夢をかなえられなかったことを描く。それでも別の形で自分の夢を実現させたいと願う父と正司さんの行動に、時代に対する人の無力さと、未来に希望を託そうとする強さを、父が眞砂子へ伝える人間の可能性についての思いとともに描き出す。

●段落

本文は、一行空きによって三つの段落に分けられる。

一　教P58・8〜P60・17　十年ほど前の眞砂子と父の言い合い

二　教P61・1〜P64・9　父の憧れと正司さんとの関わり

三　教P64・10〜P68・8　父の戦地での行動と思い

段落ごとの大意と語句の解説

第一段落　教58ページ8行〜60ページ17行

眞砂子は十年ほど前の父との会話を思い出している。仕事に満足しておらず、「自分でモノを作れる人」になりたかったと言う眞砂子を、父は自分でモノを作るのは今からでもできるのになぜあきらめるのかと理解できない。眞砂子は自分のしたいことは父が言うモノを作ることとは「レベルが違う」と言い放ち、かつての自室にこもる。自室で、レベルが違うとは言ったものの、父からの影響を強く受けてきたことを思い出す。

教58ページ

9 **十年《じゅうねん》ほど前《まえ》**　「二十年以上働いた建築事務所を辞めて郷里に戻ってきた」（同ページ6行）現在からみて、十年ほど前のこと。当時眞砂子は三十代後半で、地元を離れ、建築事務所で働いていた。

9 **本音《ほんね》をこぼした**　「本音」は、「本当は、自分でモノを作れる人になりたかった」（同ページ8行）である。「こぼす」はここでは、不満などを胸に収めておけないでつい言ってしまう、の意。父に本音を告げる気はなかったのだが、話の成り行きでつい言ってしまったのである。

教59ページ

2 **長年文句《ながねんもんく》も言《い》わず**　それまで父に本音を告げていなかったことがわかる。

10 **憮然《ぶぜん》** 失望、落胆し、どうすることもできないでいる眞砂子の様子を表す。

15 **なんだったのか、と過去形《かこけい》にされているところに、むっとした** 自分の本当にやりたかったことはこの先もずっとかなえられないと言われたようで腹を立てている。

教60ページ

4 **自嘲《じちょう》** 自分で自分を軽蔑すること。

1 **「レベルが違《ちが》う」という言葉には、どのような意味がこめられているか。**

答 自分のやりたいモノ作りとは、父の言っているような単純なことではないため、日曜大工と同列に扱ってほしくないと眞砂子が思っているという意味。

16 **幾《いく》ばくか** ここでは、少し、の意。情報源となる本や雑誌がわずかしかないことを表す。

第二段落 教61ページ1行〜64ページ9行

眞砂子が高校三年生のときの父との会話を思い出している。父は祖父と働く正司さんに憧れ、正司さんがなりたかった建築家になりたいと思う。それを打ち明けると、正司さんはル・コルビュジエの『輝く都市』を父に渡す。正司さんは、本に書いてあることを父が実現してくれたら、それが日本のためになると話す。しかし戦争の影響もあって、父は建築家にはなれず、本は戦中に南の島に置いてきていた。

教61ページ

3 **ほんでもなあ** それでもなあ、の意。「ほんで」は広島地方などの方言。

8 **片田舎《かたいなか》** 都会から離れた不便な田舎。ここでは広島市をさしている。

10 **棟梁《とうりょう》** 親方。大工の職人たちを指導、保護する立場にある人。

11 **ガヤガヤとやった** 家で職人たちとにぎやかに食事や宴会をしていた。

教62ページ

4 **戦争《せんそう》がもう間近《まぢか》に迫《せま》り** この「戦争」は原爆が落とされた戦争なので、太平洋戦争開戦間近の時期であることを示している。

4 **父《ちち》の夢《ゆめ》はかなえられないと知《し》っていたにちがいない** 「インテリ」（教61ページ12行）であった正司さんは、戦争に進む日本の未来について悲観的な予想ができていた。

4 **それでも正司《しょうじ》さんは、父《ちち》に言《い》ったそうだ** 戦争になれば建築家になりたいという父の夢はかなえられないと思ったが、正司さんは父の夢を否定せずに、応援している。

12 **まるで本《ほん》の中《なか》から太陽《たいよう》が昇《のぼ》ったように、すべてのページが輝《かがや》いて見《み》えた** ル・コルビュジエの名前も知らず、フランス語も読めなかっただろう父には、本の内容はすぐにはわからなかったはずである。それでも憧れの正司さんが繰り返し読んだ形跡のある本の価値を感じ取っている。

教63ページ

3 **ほんまのことを言《い》うと、わしも、この人《ひと》の弟子《でし》になりたかった** 正司さんは、「これからは、みんなで共存する都市そのものを作っていかにゃあおえん」（教62ページ17行）と言っているル・コルビュジエの考えに共感し、弟子になりたいと思っていた。しかし、「家庭の事情で東京の大学の建築科を中退」（**教**61ページ12行）し、広島で眞砂子の祖父のもとで大工として働いていた。

6 **わし、とうとう読《よ》み切《き》らんかった。じゃけえ、おまえにやる**　弟子になりたいと思うほど感銘を受けた人の本だが、フランス語の原書であるため、正司さんは読み切れなかった。また、このことは、正司さんの建築家への夢がついえたことを暗示しているとも考えられる。「じゃけえ」は、だから、の意の方言。

8 **じゃけど**　だけど、の意の方言。

9 **この本《ほん》のためになる。――日本《にほん》のためにもな**　大学を中退し建築家になれなかった自分よりも、これから建築家を目ざす父が持っていたほうが、本が役立つと正司さんは考えている。また、みんなで共存する都市が生まれることで、この本が書かれた意義や価値が認められることになり、さらに、そのような都市を作ることは日本のためになるとも考えている。この考えは父に影響を与え、この本に書かれている都市を作ることが日本のため、世界のためになり、それができれば「みんな、笑って、幸せに暮らせ」（**教**68ページ4行）るようになるのではないかと考えた。

15 **建築家《けんちくか》になれなかったのは、時代《じだい》のせいかもしれん。……もっとどうにかできたかもしれんかった**　戦時中に建築家になることは難しいと考えられるが、それを言い訳に努力をしなかったのではないかと、父は自分を分析している。「なんで今まで、やりたいことをできるとこへ行かんかったんじゃ？」（**教**59ページ11行）、「遅うねえじゃろ」（**教**60ページ6行）とあるように、父が眞砂子に自分のやりたいことをやってほしいと願っているのは、自分が戦争のせいで、あるいはそれを言い訳にやりたいことをしてこなかった過去があるためとも考えられる。

教64ページ

3 **その本《ほん》、どこにあるの？　と十八歳《じゅうはっさい》の私《わたし》は、好奇心《こうきしん》いっぱいで父《ちち》に訊《き》いた**　父の「自分の夢から逃げた……建築家になれなかったんじゃのうて、結局、なろうともしなかった」（同ページ1行）という人生への後悔を滲《にじ》ませた発言は「甘酸っぱい青春時代の話」（同ページ4行）として眞砂子は重要視していない。それよりも、建築方面に興味のあった眞砂子は、『輝く都市』という本を見てみたいと自分の興味を優先させている。十八歳の眞砂子には、まだ未来に夢があり、かなえられなかった父の気持ちには理解が及ばない。

2

「甘酸《あまず》っぱい」という言葉から、このときの父の話をどのように受け取ったことがわかるか。

答

ほほえましくも切ない過去の話として受け取ったこと。

第三段落　教64ページ10行〜68ページ8行

再び十年ほど前の会話に戻る。父に言いすぎたと思った眞砂子は、自分が持っていた『輝く都市』を父に見せる。しかし父は、戦中の南の島で死を覚悟したときに、この本だけは生き延びてほしいと砂の中に埋めてきたからと本を開かない。父は、戦場で本を埋めることで、戦後に輝く都市ができることと、そこに暮らすみんなの幸せを願ったことを眞砂子に語った。

教64ページ

10 **漫然**《まんぜん》　ぼんやりとしてとりとめのない様子。

15 **別段目新**《べつだんめあたら》**しくもないようにも思**《おも》**えた**　正司さんが「日本のため」（教63ページ9行）と父に託し、父が「自分の命よりも、……重かった」（教67ページ17行）と感じて戦争中に砂の中に埋めた『輝く都市』に描かれた未来が、現在では現実のものになっている。

教65ページ

3 **「まるで敵**《かたき》**でも討**《う》**つように」というのは、どのような心情を表現したものか。**

答　本に夢中になり、内容を理解したいと強く願う心情。

7 **何**《なん》**の前置**《まえお》**きもなく**　「前置き」は、本題に入る前に述べることの意。新聞を読んでいる父に声もかけず、突然邪魔をしている。自分と父にとってそれが許されるくらい重要な本だと思っている。

9 **思**《おも》**わず笑**《え》**みをこぼして**　戦争中に南の島の砂に埋めた宝物と同じ本を見て、懐かしく思い、喜んでいる。

教66ページ

11 **南方**《なんぽう》**の最前線**《さいぜんせん》　太平洋戦争末期、日本はフィリピンなど日本の南方でアメリカ軍と過酷な戦いを強いられていた。

12 **玉砕**《ぎょくさい》　全力で戦い、名誉や忠節を守って死ぬこと、の意。

教67ページ

4 **殺**《ころ》**される前**《まえ》**に突撃**《とつげき》**して玉砕**《ぎょくさい》**せよと、上**《うえ》**からの命令**《めいれい》**だった。……たとえ敵兵**《てきへい》**であっても、自分**《じぶん》**の死**《し》**に誰**《だれ》**かを巻**《ま》**き添**《ぞ》**えにしたくはなかった**　命令に反してでも、人を傷つけたくないという父の優しい人柄がうかがえる。

4 **「掘**《ほ》**って、掘**《ほ》**って、掘**《ほ》**って、埋**《う》**めた。」という表現から、どのようなことが読み取れるか。**

答　死が隣り合わせにある戦場の緊迫感や、この本と、本が描く未来とを絶対に守りたいという強い気持ち。

11 **強靭**《きょうじん》　ねばり強く、柔軟であること。

17 **自分**《じぶん》**の命**《いのち》**よりも、あの本一冊**《ほんいっさつ》**のほうが重**《おも》**かった**　自分が死んでも、「この本にだけは、生き延びてほしい」（教66ページ10行）と思い、本当に自分の死が迫ったときに、自分が助かることよりも、本を埋めて本を助けることを優先している。

教68ページ

8 **少**《すこ》**し照**《て》**れくさそうな顔**《かお》**をして、笑**《わら》**った**　「どことなく寂しそうな笑み」（教64ページ7行）とは対照的に、照れくさそうに笑っている。「若くて、まっすぐ」（教66ページ8行）だった頃、自分なりに未来の日本や世界、人の幸せを願い、「戦争で、なんもかんもなくなって」（教68ページ5行）しまっても、人間ならばやり直せると人間の可能性を真剣に考えて行動したことを、照れくさいと思いながらも、肯定的に受け止めていることがわかる。

手引き

活動の手引き

一　この小説は、ル・コルビュジエの『輝く都市』という本と、「私」「父」「正司さん」の三人との関わりが軸となって展開している。

1　三人が『輝く都市』に抱く思いを、本文の記述に基づいてそれぞれ整理してみよう。

2　「正司さん」と「私」の両方が、『輝く都市』を「繰り返し繰り返し読んだ」(六二・11、六五・3)ことについて、二人の思いにはどのような違いがあるか、説明してみよう。

3　三人がそれぞれ夢をあきらめた理由を、本文を根拠にしながら説明してみよう。

考え方　2　正司さん…大学を中退して建築家の夢はあきらめたあとも『輝く都市』を読んでいる。「日本のためじゃ。……この本に書いてあることを、将来の日本で実現したらええ」(六三・11)とある本への思いも含めてまとめよう。

私…「私」が夢をあきらめたのは、大学を卒業し、希望するところに就職できなかった頃である。『輝く都市』を読んでいるのは「学生時代」(六五・3)なので、夢ともつながる重要な本として読んでいる。また、「私」が読んでいる時代は「この人が最初に理想とした都市像が、その後、多くの後継者の努力によって実現」(六四・15)しているときであり、過去の本として読んでいることも押さえる。

3　父…「時代が時代じゃった。戦争中、……建築やるなんちゅうことは、とてもとても……」(六一・4)、「建築家になれなかったのは、時代のせいかもしれん。でも、……『輝く都市』を作るために、もっとどうにかできたかもしれんかった」(六三・15)、「自分の夢から逃げた……建築家になれなかったんじゃのうて、結局、なろうともしなかった」(六四・1)ともあることから考える。

解答例　1　私…「もちろん、ル・コルビュジエという人が……考えてみると、この人が最初に理想とした都市像が、その後、多くの後継者の努力によって実現したのだ。まさに革命的な、偉大な先人」(六四・13)などから、書いてあることが実現していることも含めて、偉大な建築家の本として、その意義を感じている。

父…「自分の命よりも、あの本一冊のほうが重かった」(六七・17)、「この本には生き延びてほしい。……書いてあることが、全部現実になって、『輝く都市』が日本に、世界のあちこちにできたらいい。みんな、笑って、幸せに暮らせたらいい」(六八・2)、「きっとまたやり直せる、きっと、輝く都市を作り上げられる。それが人間」(六八・5)などから、人間の幸せな未来のための重要な本だと考えている。

正司さん…「本のページは、よれて、手あかで汚れていた。……繰り返し読んだ形跡があった」(六二・11)とあることや、父に本をやることについて「日本のため」(六三・9)、「『輝く都市』を、作ったらええ」(六三・13)と言っていることなどから、日本の未来のための重要な本だと考えている。

2　正司さん…自分は建築家にはなれず、ル・コルビュジエの弟子にもなれず夢をあきらめたが、重要性は認識し、日本の未来のためになる本として建築への情熱を捨てられずに読んでいる。

私…夢をかなえるために勉強している学生時代に、過去の偉人の本として読んでいる。

3　私…「たまたま就職試験で受かったのがそこだけだったから入った」(五九・7)、「やりたいことができるところへ行けるほど、才能もチャンスもなかった」(五九・12)などから、自分の能力が足りなかったから。

父…「戦争中、なんもかもがぶっ壊されていく中で、建築やるなんちゅうことは、とてもとても……」(六一・4)とあり、戦争中では建築家になる夢をかなえることは難しかったからだが、「でも、本当の本当に、ル・コルビュジエになりたければ、……」(六三・15)ともあり、自分の意志や努力が足りなかったためでもあると考えている。

正司さん…「家庭の事情で東京の大学の建築科を中退した」(六一・12)とあるので、家庭の事情のため。

二　**「私」が、失踪した「父」は砂場にいると直感した理由について、本文の記述や、本文最後のあらすじに書かれていることを根拠にしながら説明してみよう。**

考え方　砂場が「父」にとってどんな場所かを考える。「父」は戦争中、『輝く都市』を浜辺の砂の中に埋めた。砂があるという共通点から、「父」が砂場にいた理由は『輝く都市』を埋めたことと関連があると考えられる。

解答例　「父」は戦争中、死と隣り合わせの厳しい状況の中、自分が死んでもこの本には生き延びてほしいという思いで『輝く都市』を砂の中に埋めた。そこには、この本に書いてあることが実現し、みんなが幸せに暮らせたらいいという思いもあった。「父」にとって砂のある場所は、幸せな未来につながる本のあるかけがえのない場所である。中下さんの言葉を聞いた「私」は、浜辺は「父」にとって今も『輝く都市』を埋めた重要な場所であることに思い至り、浜辺に似た場所である公園の砂場に「父」がいると直感したのである。

三　**自分にとって思い入れのある本を一冊取り上げ、本文に描かれた三人の『輝く都市』に対する思いを参考にしながら、その本が自分にとってどのような意味を持つのかを、過去の出来事や人とのやりとりなどと関連づけて文章にまとめ、発表し合おう。**

考え方　「過去の出来事や人とのやりとりなどと関連づけて」とあるので、ただおもしろく読んだだけではなく、読んだことがきっかけで何かを考えたり、行動を起こしたりした本を取り上げる。将来の夢に影響を与えた本、友人ができたきっかけとなった本、尊敬する人が勧めていた本などを選ぶとよい。

言葉の手引き

一　**次のかたかなを漢字に改めよう。**

1　年末にキセイする。
2　独特のヒッチで描かれている。
3　黒一色のソウテイの本。
4　センキョウが日を追って悪くなる。

解答例　1　帰省　2　筆致　3　装丁　4　戦況

二　次の語の意味を調べよう。

1　憮然（五九・10）　2　自嘲（六〇・4）
3　漫然（六四・10）　4　玉砕（六六・12）

解答例　省略（ガイド「段落ごとの大意と語句の解説」参照）

三　本文中から「腹が立つ」（五九・13）のように、体の部分を用いた慣用表現をすべて抜き出し、意味を調べよう。

解答例　・頭にかっと血が上った（六〇・7）…興奮する。
・目にした（六四・6）…見る。
・目に留まった（六四・10）…見て、関心を引かれる。
・首をかしげた（六五・17）…疑問に感じる。不審に思う。

四　次の傍線部の表現があることで、どのような意味が加えられているか、説明してみよう。

1　挨拶に行きたいなどと（五八・10）
2　憧れて憧れてのう。（六一・4）
3　建築家とやらになりたいと（六二・1）

考え方　1「など」には、一例をあげ他にも同種類のものがあることを示す意味、ある事物を示してそれを軽んじる意味、婉曲に示す意味、引用などを受けて大体の内容であることを表す意味があることから考える。
3　副助詞「やら」には、不確かであることや、ぼかして示す意味があることから考える。

解答例　1「挨拶に行きたい」という父の発言を示し、それを眞砂子が軽んじ、そんなことはしなくてよいという気持ちでいるという意味。
2「憧れて」を繰り返すことで、父の憧れる思いを強調する意味。
3　父はその時点では建築家がどんなものなのかはっきりとわかっていなかったという意味。

五　「父」のせりふに方言が用いられ、主人公のせりふは共通語であることには、どのような効果があるか、説明してみよう。

考え方　「おえん」（六二・7）が広島地方の方言であることと、「故郷の町に原爆が落とされた」（六七・15）から、舞台は広島市であることがわかる。「地方都市に生まれ育って」（六〇・16）、「日本の片田舎に暮らす少年」（六一・8）ともあり、父は広島で生まれ育ち、家庭を持ち、現在も生活している。眞砂子は広島出身だが、「東京の美大へ進学」（六四・11）し、建築事務所に勤めているときに「帰省」（五六・9）していることから、地元を離れ、共通語を使う生活を「二十年以上」（五八・6）していたことがわかる。それぞれが生活していた場所が使う言葉に影響を与えていることから考える。また、十年ほど前に眞砂子の勤務先についての考えの行き違いがあり、現在では失踪した父を眞砂子はすぐに見つけられない状況であることもふまえる。

解答例　父と眞砂子は、親子ではあるが使う言葉が違うほど離れて暮らしていた期間があり、現在は互いをよく理解できていない関係であることを示す効果がある。また、地方都市で暮らし続ける父は夢に挑戦することがかなわなかったが、現代の東京で暮らしていた眞砂子には夢に挑戦する機会があったことを印象づけている。同じ場所で生まれても、夢に挑戦することができる時代になったことを示す効果もある。

論理分析

対比 「間《ま》」の感覚

高階秀爾《たかしなしゅうじ》

教科書P.72～75

語句の解説

教72ページ

1 **伊勢神宮《いせじんぐう》** 三重県伊勢市にある神社。

1 **アテネ** ギリシアの首都。

1 **アクロポリスの丘《おか》** アテネ南西部にある丘。

1 **パルテノンの神殿《しんでん》** 古代ギリシア時代に完成した神殿。

3 **切妻型《きりつまがた》の屋根《やね》** 建物の両端（妻側）を垂直に切り落とした形の屋根。

4 **そこ** 構造も形状も似ている伊勢神宮とパルテノン神殿。

6 **軒下《のきした》** 屋根の下側の張り出た部分が「軒」で、その下の空間。

6 **このこと** 軒先が大きく伸びて軒下という空間が生じていること。

8 **このことは、日本《にほん》には雨《あめ》が多《おお》いという風土的特性《ふうどてきとくせい》に由来《ゆらい》するものであろう** 日本建築で軒先が大きく伸びて深い軒下があるのは、日本には雨が多いため、建物が濡《ぬ》れないよう屋根が発達したからだろう、ということ。軒下が生じた表面的理由を述べている部分。

9 **それ** 「この空間」、つまり軒下のこと。次の行の「そこ」も同じ。

11 **現《げん》に** 実際に。

11 **庭師《にわし》** 庭を作ったり、庭の手入れをしたりする人。

13 **このような中間領域《ちゅうかんりょういき》** 見方によって内部にも外部にもなる場所。

13 **濡《ぬ》れ縁《えん》** 雨戸の外に張り出している縁側。

13 **渡《わた》り廊下《ろうか》** 二つの建物をつなぐ廊下。

13 **遮蔽物《しゃへいぶつ》** 他から見えないように覆い隠すもの。

教73ページ

1 **これらの中間領域《ちゅうかんりょういき》** 軒下、濡れ縁、渡り廊下などのこと。

1 **媒介《ばいかい》** ここでは、なかだち、橋渡し、の意。

3 **はなはだ興味深《きょうみぶか》いことに** 空間構造は内部と外部の境界があいまいなのに、行動様式は内と外とを厳しく区別するという、日本人の一見矛盾した状態について「興味深い」と言っている。「はなはだ」＝非常に。たいへん。

4 **それであるからこそ……内《うち》と外《そと》とを厳《きび》しく区別《くべつ》する** 内部と外部が連続している空間に暮らしているからこそ、生活の中では内と外とをはっきり区別する行動を取る、ということ。

7 **この風習《ふうしゅう》** 家の中に入るときには靴を脱ぐという習慣。「風習」＝ある社会で伝えられてきたしきたり。ならわし。

10 **当惑《とうわく》する** どうしたらよいかわからなくなって困る。

10 **空間構造《くうかんこうぞう》はつながっているように見《み》えながら、行動様式《こうどうようしき》では内《うち》と**

外《そと》は明確《めいかく》に区別《くべつ》されている　同ページ3行「ところが、はなはだ……行動様式を示す。」の一文の内容を繰り返し述べている。

12 このような家《いえ》の内《うち》と外《そと》の区別《くべつ》　外から家の中に入るときに靴を脱ぐという行為で表される家の内外の区別。

13 価値観《かちかん》　物事を評価する基準となる、何に価値を置くかの考え方。

14 聖《せい》なる空間《くうかん》　神聖な空間。同ページ17行の「神の空間」と同じ。

14 荘厳《そうごん》　重々しく、立派で尊いこと。また、その様子。

15 俗世間《ぞくせけん》　普通の人が暮らす日常の世の中。「俗」は「聖」の対義語。

16 形《かたち》の上《うえ》でも明確《めいかく》　西欧の建築は壁によって内外の区別が物理的に明確であることをさし、そのため意識のうえでもたやすく内と外、聖と俗が明確に区別されると述べている。

18 前提《ぜんてい》　あることが成立するためのもととなる条件。

教74ページ

1 その外《そと》にいる者《もの》　共通の理解を持った集団や共同体の外にいる者。

3 それ　「身内」。

4 「身内《みうち》」は、ある関係性《かんけいせい》の中《なか》で成立《せいりつ》するもので、……わかりにくいものにしている　日本人にとっての「身内」は、人々の意識の中で、人間関係などによって決まるもので、時と場合によってその範囲が変わる。日本人の内と外とを区別する行動様式もそれに合わせて変わるため、共通の理解を持たない外国人にはわかりにくいということ。

8 編《あ》み目《め》　編み物の糸が編み合わさった部分。ここでは、さまざまな関係が交差する意識構造のことをたとえている。

11 そのような関係性《かんけいせい》の広《ひろ》がり　空間の広がり、時間的広がり、人間どうしの関係性の広がり。

14 間合《まあ》い　本来は、何か行動をするのに適した距離や時機・タイミング、の意。ここでは、時と場合によって変化する、空間の関係、時間的な関係、人間関係などのことをさしている。

14 見定《みさだ》める　よく見て判断する。見きわめる。

15 計測《けいそく》　ここでは、「間合い」を見定めること、の意。

15 間《ま》が悪《わる》い　きまりが悪い。折が悪い。

16 「間《ま》」の感覚《かんかく》　時と場合によって変化する関係性を正しく見定める感覚。その時々に適した「間合い」を見定めて行動する感覚。

17 倫理《りんり》　道徳の規範となる原理。モラル。

活動の手引き

一　「　　」に、本文中の適切な語句を入れよう。

解答例　【第一段落】●屋根　【第二段落】●履く・脱ぐ
【第三段落】●壁・鳥居　【第四段落】●「身内」（「仲間」）・「よそ者」

二　第一段落から第四段落までの展開をふまえて、第五段落で示された日本人の「間」の感覚についての要旨を百字以内でまとめよう。

解答例　日本人は、空間や時間や人間の関係性の広がりを「間」と呼び、そのような関係性の「間合い」を正しく見定めようとする。この感覚は日本人の行動様式や生活様式を規定し、美意識や倫理とも深く結びついている。

具体と抽象

日本語は世界をこのように捉える

小《こ》浜《はま》逸《いつ》郎《お》

教科書P.76〜80

語句の解説

教 76ページ

1 **厳密《げんみつ》に使《つか》い分《わ》けています**　「いる」と「ある」を用いる際、一定の使い分けのルールに従っているということ。

2 **有情《うじょう》**　ここでは、感情や意識などを持つ生き物のこと。人間らしい感情を理解できること、という意味もある。

対 **非情《ひじょう》・無情《むじょう》**

3 **無生物《むせいぶつ》**　生命がなく生活機能を持たないもの。石や水など。

対 **生物《せいぶつ》**

3 **大過《たいか》ない**　大きなまちがいはない。

4 **言《い》い尽《つ》くして**　十分に説明しきって。

6 **補助用言《ほじょようげん》**　補助動詞と補助形容詞。他の語について意味を添えるはたらきをする。例として「食べている」の「いる」、「花である」の「ある」などの動詞や、「高くない」の「ない」、「聞いてほしい」の「ほしい」などの形容詞があげられる。

6 **存在《そんざい》を表《あらわ》す**　「いる」　人や動物などの生き物が、ある場所に存在するという意味の「いる」。

8 **語彙《ごい》**　ここでは、「言葉」とほぼ同じ意味で使われている。ある言語・領域で用いられる語の全体や、ある人が用いる語の全体、という意味もある。

8 **含意《がんい》**　表面に現れない意味を含み持つこと。その意味。

9 **言語哲学的《げんごてつがくてき》に**　言語の本質についてより広く深く考察する言語哲学の立場から。

10 **主格《しゅかく》**　主語。主体。「雨が降っている」の文では「雨が」の部分。

12 **置《お》き換《か》える**　あるものを取って、代わりに別のものを置く。

13 **日本語《にほんご》の動詞連用形《どうしれんようけい》の多《おお》くが名詞化《めいしか》する**　「考える」→「考え」、「泳ぐ」→「泳ぎ」など、動詞の連用形で名詞として用いられる語が多くある。

教 77ページ

2 **繋辞《けいじ》**　主語と述語をつなぎ、両者の関係を言い表す語。日本語の「である」、英語の be 動詞など。連辞。

2 **S-P構造《こうぞう》**　Subject(主部)とPredicate(述部)の構造のこと。

4 **壮麗《そうれい》**　規模が大きくて立派で美しいこと。また、その様子。

4 **伽藍《がらん》**　寺や寺院の建物。

6 **とうに**　とっくに。ずっと前に。

6 **人手《ひとで》に渡《わた》っている**　他人の所有になっている。

7 **既往《きおう》の結果《けっか》としての現在《げんざい》を表《あらわ》す**　済んでしまった事柄が結果として現在に及んでいることを示す。

8 **音韻《おんいん》**　ここでは、言葉の持つ音の響きのこと。

9 **複数《ふくすう》の使用実態《しようじったい》を概念化《がいねんか》している**　助動詞「れる・られる」が複数の意味で使われている実態を、「受身・尊敬・可能・自発」の四種類の意味に分類されると説明するようなことをさす。

「概念」＝個々の事物から共通する性質を抜き出して構成される意味内容。「概念化」は概念の形にすること。

11 **固定化《こていか》した言語観《げんごかん》に縛《しば》られている**　言葉が単に客観的な事実・観念・状態の提示であると考え、違う概念に同じ音韻が使われる理由を考えないということ。

13 **自分自身《じぶんじしん》の状況《じょうきょう》を直接《ちょくせつ》に表出《ひょうしゅつ》する**　言葉は単に事実や観念の提示として用いられるのではなく、その言葉を発する話し手が、話の内容と自分自身との関係を語るのにも用いられるということ。

14 **「私《わたし》」のことでなくとも例外《れいがい》なく当《あ》てはまる**　言葉を発する主体の状況を直接表出するということは、語られている内容が主体自身のことでなくても当てはまるということ。「語られている状況に自分自身がひそかに参入して、……居合わせている」（同ページ17行）とあるように、内容を自分自身に引き寄せて語っているためである。

18 **観念的《かんねんてき》**　現実の具体物から離れ、抽象的、空想的に考える様子。

教78ページ

2 **まさに「私《わたし》との生《い》き生《い》きとした出会《であ》い」の実現《じつげん》が語《かた》られている**　「壮麗な伽藍が並んでいる」と語るときは、「私」と「私」が壮麗であると感じる「伽藍」との出会いが実現しているということ。

4 **「あいつ」のことを何《なん》らかの形《かたち》で思《おも》いやる心情《しんじょう》がこめられていて**　「あいつは今、パリにいる」と表現するときには、話し手が空間的に離れた場所にいる「あいつ」を思いやる心情がこめられているということ。

5 **形跡《けいせき》**　何か物事が行われたあと。痕跡。あとかた。

6 **「ある」に置《お》き換《か》えることは決《けっ》してできない**　「いる」と「ある」は厳密に使い分けられ、自由には置き換えられないということ。

7 **非情《ひじょう》**　ここでは、感情や意識などを持たないもの。草や木など。人間らしい感情を持たないこと、という意味もある。
対　有情《うじょう》

9 **初《はじ》めからそれらの存在《そんざい》との親近感《しんきんかん》を内在《ないざい》させている**　日本語で「いる」を使うときには、「有情」の存在に対する親近感が初めから存在しているということ。

10 **そこには語《かた》り手《て》の情緒《じょうちょ》が必《かなら》ず何《なに》ほどかはたらいている**　「いる」を使うときは、人や生き物に対して、さらに非情の自然に対してであっても、語り手の何がしかの感情が含まれているということ。

14 **端的《たんてき》**　はっきりとしている様子。手っ取り早く要点だけを捉える様子、という意味もある。

15 **乖離《かいり》**　背き離れること。

15 **抵抗《ていこう》**　逆らうこと。反発すること。

18 **運動状態《うんどうじょうたい》にある事物《じぶつ》や人間《にんげん》の様態《ようたい》を示《しめ》す場合《ばあい》**　この後の「走っていく車がある」、「彼は頑固である」という場合などのこと。

教79ページ

4 **聞《き》き手《て》もその状況《じょうきょう》を共有《きょうゆう》している**　話し手の見ているものと同じものを聞き手も見ているかのように感じられているということ。

5 **間接的《かんせつてき》・客観的《きゃっかんてき》で冷《ひ》ややか**　自分の感情がほとんど関わっていない様子を表現したもの。

5 **直接的《ちょくせつてき》・主観的《しゅかんてき》で温《ぬく》もりを感《かん》じさせる**　自分の感情が当事者的

に関わっている様子を表現したもの。

6 **感嘆詞《かんたんし》の「あ、」などがどちらに付《つ》きやすいか**　「あ、」は感情を表す言葉なので、「走っていく車がある」という文より「車が走っている」という文に付きやすい。

「感嘆詞」＝感嘆のあまり発する言葉。感動詞に同じ。

7 **こちらから距離《きょり》を取《と》り、当《とう》のモノや人《ひと》を突《つ》き放《はな》して客観的《きゃっかんてき》に眺《なが》めた**　「いつもそこから乖離していくような抵抗を示します」（教78ページ15行）、「より間接的・客観的で冷ややか」（教79ページ5行）を受けた表現。

12 **所作《しょさ》**　振る舞い。身のこなし。しぐさ。

活動の手引き

一　「　」に、本文中の適切な表現を入れよう。

解答例　【第一段落】●生き物（有情）には「いる」を使い、無生物には「ある」を使う。

●「雨が降っている」・「あそこのビルは今壊している」

【第二段落】●「壮麗な伽藍が並んでいる」・「花がたくさん咲いている」

●「カードの有効期限はとうに切れている」・「昔の家はもう人手に渡っている」

【第三段落】●語られている状況に自分自身がひそかに参入して、その状況と「私」とが親しく居合わせていることを表している。

●「壮麗な伽藍が並んでいる」・「あいつは今、パリにいる」

二　第四段落で述べられている筆者の主張を、百字以内で要約しよう。

考え方　「結局」「つまり」に着目して、「いる」と「ある」の区別や、「いる」と「語り手主体」の関係についてまとめる。

解答例　「いる」「ある」は、語られている語と語っている主体との関わり度合いによって区別され、「いる」は、語り手主体が生き物や自然を、互いに親しく居合わせる、自分自身にとっての問題として引き寄せようとしている。

三　第五段落で述べられている「ある」のはたらきを、説明・例示・筆者の考えに分けて整理しよう。

考え方　「ある」と「いる」を、「話し手の意識」との関係、「間接的」と「直接的」、「客観的」と「主観的」、「冷ややか」と「温もり」「親近感」などの点で比べ、例をあげながら説明していることを捉え、「ある」についての筆者の考えをまとめる。

解答例　説明…・「ある」は、そのものが話し手の意識の流れに寄り添わず、無関係に「あり」続ける場合に使う。

・「ある」は、間接的・客観的で冷ややかな表現で、当のモノや人を突き放して眺め、その存在や様態を表す。

・「ある」は、ただ事態がそうである、と客観的に記述した表現。

例示…・そこに「ある」テーブル

・「走っていく車がある」「彼は頑固である」

・「店先には、いろいろなお菓子が並べてある。」

筆者の考え…「ある」は、間接的・客観的にモノや人の存在や様態を表す。

3 無彩の色

港《みなと》 千尋《ちひろ》

教科書P.82〜87

●学習のねらい

ネズミ色のイメージをマイナスからプラスに転じる論展開と、筆者が論拠としてあげる事例を把握する。

●要旨

ネズミ色は無彩色の灰色の世界を想像させ、否定的に捉えられるが、身の回りでは多くの製品にグレーが使われている。また、わたしたちはさまざまな段階の灰色で表現されたものを美しいと感じ、その中に光と影の戯れを見て楽しむこともできる。日本は灰色の美しさを大切にしてきた文化を持ち、伝統色にも灰色系が多く、「利《り》休鼠《きゅうねずみ》」もその一つである。日本の文化は灰色の世界に、どんなカラフルな色にもまさる、最高の美を認めることもできるのである。

●段落

本文は、内容に従って、三つの段落に分けられる。

一　教P82・1〜P83・6　ネズミ色（灰色）の否定的なイメージ

二　教P83・7〜P85・3　わたしたちの身の回りにある灰色

三　教P86・1〜P86・10　日本の文化の中での灰色

段落ごとの大意と語句の解説

第一段落　教82ページ1行〜83ページ6行

ネズミ色から想像されるのは、ほとんど無彩色で彩りのない灰色の世界である。色の好みは人それぞれでも、色の感じ方には共通するものがあり、色に温度を結びつけたり、ある感情を与える作用を認めたりする。ネズミ色は灰色と言い換えても否定的な意味になり、地味でおもしろみのない世界を想像させる。

教82ページ

5 **無彩色《むさいしょく》**　色の色相・明度・彩度のうち明度だけを持つ黒・灰・白。

7 **暖色《だんしょく》**　赤・橙《だいだい》・黄など暖かい感じを与える色。

7 **寒色《かんしょく》**　青やその系統の色など寒い感じを与える色。

教83ページ

1　「ネズミ色《いろ》はあまりいい意味《いみ》を持《も》たされていない。」と言えるのはなぜか。

答　世界中どこでも害獣と見なされているネズミの色であり、灰色と言い換えても否定的な意味に結びつき、地味でおもしろみのない世界が想像されるから。

1 **害獣**《がいじゅう》　人や家畜に危害を加えたり、田畑を荒らしたりするけもの。

5 **グレーゾーン**　中間の領域。どっちつかずの範囲。

第二段落　教83ページ7行～85ページ3行

わたしたちが生きる世界には意外に灰色が多く、特別な意味や感情と結びつかない、消極的な色として役立っている。さらに、わたしたちはさまざまな段階の灰色で表現された白黒写真を美しいと感じ、灰色の無限の段階の中に光と影の戯れを見て楽しめるが、こうした感覚は昔から存在していたものだろう。

教83ページ

2　**「特別《とくべつ》な意味《いみ》を持《も》たず、特別《とくべつ》な感情《かんじょう》にも結《むす》びつく必要《ひつよう》がない場所《ばしょ》では、グレーのほうがよい。」と言えるのはなぜか。**

答　都市環境のあらゆる場所に鮮やかな色がつけられていたら、わたしたちの感覚は麻痺してしまうだろうし、室内の灰色の部分を、すべて違う色に塗り替えたら、混乱と疲労で仕事も勉強も手につかなくなってしまうだろうから。

13 **麻痺**《まひ》　運動・知覚機能が停止すること。しびれて感覚が失われること。

16 **評価**《ひょうか》　ある物事や人物について、その意義や価値を判断すること。ここでは、灰色に肯定的な面があることを示そうとしている。

教84ページ

3　**「灰色写真《はいいろしゃしん》」を、人が「白黒写真《しろくろしゃしん》」と表現するのはなぜか。**

答　彩度が引かれ明度だけで表現されていることで、光と影が敏感に感じられるため、灰色という単色ではなく、白と黒の間のさまざまな段階でできていると捉えるから。

3 **モノクローム**　単一の色彩で描かれた絵画。白黒の写真や映画。

9 **織**《お》**りなす**　いろいろな要素を組み合わせて構成する。

11 **趣**《おもむき》　そのものが感じさせる風情や味わい。

12 **灰色**《はいいろ》**の無限**《むげん》**の段階**《だんかい》　灰色に感じる色には、色や濃淡に限りない段階があるということ。

4　**「こうした感覚《かんかく》」とは、どういう感覚か。**

答　さまざまな段階の灰色で表現されたものを美しいと感じ、その無限の段階の中に光と影の戯れを見て楽しめるような感覚。

15 **屋根瓦**《やねがわら》　ここでは、粘土瓦をさす。

教85ページ

2 **しっとり**　適度に水分を含んだ様子。

第三段落　教86ページ1行～86ページ10行

日本は灰色の美しさに目覚め、それを大切に育ててきた文化を持つ。伝統色と呼ばれる色名の体系にも、灰色系に驚くほど多くの色名がある。その一つの利休鼠という色は、茶の湯の時代の名残とも、灰色の美学を表しているとも思える。日本の文化はこうした色の世界に、どんなカラフルな色にもまさる、最高の美を認めることもできるのである。

教86ページ

4 **愛**《め》**でる**　ここでは、美しさを味わう、という意味。

いつくしみ愛する、という意味もある。

5 **洗練《せんれん》** 趣味や人柄などを磨き上げて優雅で高尚なものにすること。

詩歌や文章を練ってよりよくすること、という意味もある。

7 **名残《なごり》** ある事柄が過ぎ去ったあとになお残る、その気配や影響。

手引き

学習の手引き

一 本文の構成を、書かれている内容から三つの段落に分け、各段落で何が述べられているか、それぞれ一文でまとめよう。

考え方 三つの段落の分け方は「段落」参照。

解答例 第一段落…ネズミ色から想像されるのは、ほとんど無彩色で彩りのない灰色の世界であり、灰色と言い換えても、否定的な意味に結びつき、地味でおもしろみのない世界を想像させる。

第二段落…わたしたちが生きる世界には意外に灰色が多く、特別な意味や感情と結びつかない、消極的な色として役立っており、さらに、わたしたちはさまざまな段階の灰色を美しいと感じ、楽しむこともできるが、こうした感覚は昔から存在していたものだろう。

第三段落…日本は灰色の美しさを大切にしてきた文化を持ち、伝統色にも多くの灰色系の色名があって、利休鼠という色もその一つであるが、日本の文化はこうした色の世界に、どんなカラフルな色にもまさる、最高の美を認めることができるのである。

二 各段落であげられている事例と筆者の考えとの関係を確かめ、それぞれの事例がどういうことを述べるために提示されているか、説明してみよう。

考え方 各段落であげられている事例は次のとおり。それぞれ前後の内容から筆者が述べようとしていることを捉えよう。

第一段落・「ネズミ色の服を着」た人(八二・1)→ネズミ色からは地味でおもしろみのない世界が想像されるということ。

第二段落・「舗装された道路、……グレーが使われる」(八三・7)→身の回りにある灰色は感覚と感情の安定を支えているということ。

・「白黒写真」(八四・1)→灰色を美しいと感じるということ。

・「屋根瓦」(八四・15)→さまざまな段階の灰色を美しいと感じ、楽しむ感覚が、昔から存在していたものであるということ。

第三段落・「利休鼠というネズミ色」(八六・7)→日本の文化は、灰色が表す世界にどんなカラフルな色にもまさる最高の美を認めることもできるということ。

三 「ネズミ色の服を着た人が、煤《すす》けたような壁に囲まれて、灰色の茶碗《ちゃわん》を手にしている」(八三・3)と、「ネズミ色の服を着た人が、煤竹《すすたけ》色の小さな部屋で、灰色の茶碗を見つめている」(八六・8)という類似した表現が、初めと終わりに置かれた意図を考え、この表現から抱くイメージが初めと終わりでどのように変わるか、説明してみよう。

解答例 初めの表現はネズミ色(灰色)の否定的な意味の例、終わりの表現は日本文化の「灰色の美学」の例としてあげられている。ネズミ色(灰色)のイメージが、地味でおもしろみのない色から、どんなカラフルな色にもまさる最高の美を表す色へと変わる。

活動の手引き

一 **「茶の湯」と「千利休」について調べ、「日本の文化はそんな世界に、どんなカラフルな色にもまさる、最高の美を認めることもできるのである。」(八六・9)と筆者が述べる根拠を、文章にまとめて報告しよう。**

考え方 茶の湯の歴史としては、鎌倉〜室町時代に、部屋に飾った唐物《からもの》を賞玩し豪華な茶器で茶を楽しんでいたのに対し、十五世紀後半には、粗末で素朴な日本の茶器を用いる茶風が村田珠光《むらたじゅこう》によって創始され、これを引き継いだ武野紹鷗《たけのじょうおう》が「わび」の考え方を理想として茶道具や茶室も簡素化したことを押さえる。そして、これをわび茶として大成させた千利休については、草庵《そうあん》風茶室や土の肌合いを残した茶碗を考案するなどして余計な装飾を排したことを押さえる。茶の湯は現在では茶道となり、日本人の美意識が表れた代表的な日本伝統文化として海外へ紹介されていることにも注目したい。

二 **同じ被写体のカラー写真と白黒写真とを比較し、「人間は……灰色だけで表現された風景を見て、それを美しいと感じることができる」(八四・4)ことを検証しよう。**

考え方 「新緑の木々」…白黒写真では光と影に敏感になり、「木の葉の重なりの微妙な影」に気がつくため、奥行きが感じられる。「初夏の海」…白黒写真では「砂と波が織りなすパターン」が見えてきて、自然の動きの持つ美しさが感じられる。

言葉の手引き

一 **次のかたかなを漢字に改めよう。訓読みの語は送り仮名も含めて書き改めよう。**

1 明るい色がフクマレル。
2 イロドリを添える。
3 赤はケイカイを表す色だ。
4 ホソウされた道路を走行する。
5 アザヤカナ色をつける。
6 画面にインエイを施す。
7 光と影のタワムレを見て楽しむ。
8 色の名前をタイケイ的に調べる。

解答 1 含まれる　2 彩り　3 警戒　4 舗装
5 鮮やかな　6 陰影　7 戯れ　8 体系

二 **次の語の対義語をあげてみよう。**

1 高貴(八二・10)　2 地味(八三・4)
3 曖昧(八三・6)　4 敏感(八四・7)

解答 1 卑賤(下賤)　2 派手　3 明確(明瞭)　4 鈍感

三 **「近代以前の日本には、とくに灰色系に驚くほど多くの色名があったこと」(八六・2)について調べ、日本の伝統的な色名とその由来を報告し合おう。**

解答例 ・小町鼠《こまちねず》(ほんのりと赤みを帯びた淡い灰色)…美人の代名詞である小野小町《おののこまち》を思わせる気品のある美しい色であることから。
・深川鼠《ふかがわねずみ》(青緑がかった薄い灰色)…江戸の深川の粋な若者や、華美を嫌い渋さを好んだ芸者が愛用したことから。
・錫色《すずいろ》(銀色がかった明るい灰色)…青銅をつくるのに用いる金属の錫の色に似ていることから。銀鼠《ぎんねず》とも。

「文化」としての科学

池内《いけうち》　了《さとる》

教科書P.89〜98

●学習のねらい

筆者が主張する科学と技術の違いを対比的に整理し、現状における科学と技術の関係を理解する。

●要　旨

科学と技術は本来別物であり、科学は文化として、技術は文明の手段として役に立つ。科学が文化であるためには、社会的受容が欠かせない。文化としての科学は精神的な安心感・充実感をもたらし、人々の世界観や自然観とも結びついて社会に影響を与えるからこそ、科学者は科学が社会に円滑に受容されていくよう努める義務がある。

しかし、現代では科学が技術と強く結びつく「科学の技術化」が進んで、実用の役に立つという意識が強まり、それに迎合する姿勢も強まっている。「経済的合理性」が優先され、環境倫理や安全性などからの「技術的合理性」が問われなくなる中、科学者は、科学と技術の相違を見極め、技術的合理性がどこまで貫徹し、どこから破綻するかを常に言い続ける社会的責務がある。技術化への道は、技術の危うさを知ったうえで歩むべきだと常に自戒する必要があるのだ。

●段　落

本文は、内容に従って、四つの段落に分けられる。

一　教P89・1〜P91・2　科学は文化、技術は文明
二　教P91・3〜P92・11　科学が文化であるための条件
三　教P92・12〜P95・1　科学の技術化
四　教P95・2〜P97・5　科学者の社会的責務

段落ごとの大意と語句の解説

第一段落　教89ページ1行〜91ページ2行

精神的生活に関わるものを「文化」、物質的所産に関わるものを「文明」と呼ぶなら、科学は文化の中核、技術は文明の基礎と言える。科学と技術は本来別物で、科学は文化として、技術は文明の手段として役に立つのであり、文化としての科学は、芸術と同様、精神世界を健全に生きていくうえで不可欠である。

教89ページ

3 **物質的所産《ぶっしつてきしょさん》**　物質的な成果として生み出されたもの。

1　「その立場《たちば》」とは、どういう立場か。

答　学問・宗教・芸術など精神的生活に関わるものを「文化」、生産過程・経済行動・流通や移動方法など人間の物質的所産に関わるものを「文明」と呼ぶ立場。

4 **諸相《しょそう》**　いろいろな姿やありさま。

4 **中核**《ちゅうかく》 物事の中心となる重要な部分。
7 **多重性**《たじゅうせい》 いくつも重なり合っている様子。
8 **彩**《いろど》**る** ここでは、おもしろみや趣などをつけ加える、の意。
11 **技術**《ぎじゅつ》**は……文明**《ぶんめい》**の質**《しつ》**を変化**《へんか》**させていく** 農業文明、工業文明、情報文明という文明の変化の基礎に技術のはたらきかけがあるということ。

教90ページ
6 **弁別**《べんべつ》 違いをはっきり見分けて区別すること。
9 **暗黙**《あんもく》**の裡**《うち》 はっきりとは言わないまま。

2 **「その観点**《かんてん》**」とは、どういう観点か。**

答 生活がより便利になる、金儲《かねもう》けにつながるなど、生活や社会に役立つことを「役に立つ」とする観点。

13 **便宜**《べんぎ》 都合のよいこと。便利なこと。
15 **無機的**《むきてき》**で潤**《うるお》**いのない生活**《せいかつ》 生き生きとした様子や味わいのない生活。
「無機的」＝生命力の感じられない様子。
対 有機的《ゆうきてき》
16 **宇宙創成**《うちゅうそうせい》**の謎**《なぞ》 宇宙がいつどのように始まったのかという謎。

第二段落 教91ページ3行～92ページ11行

科学は芸術や宗教と同様に人間の精神的活動の成果である。科学研究は文化を大事にするという市民の合意に基づいて支援され、科学者は文化としての科学の営みを市民の負託に応えて担い、市民はそれを応援しつつその成果を享受する。科学が文化であるためには、社会的受容が欠かせないのである。自然の真理を探る科学は、精神的な安心感・充実感をもたらし、人々の世界観や自然観とも結びついて社会に影響を与える。科学者は科学が社会に円滑に受容されていくよう努める義務がある。

教91ページ
5 **浄財**《じょうざい》 利得を考えずに寺社や慈善事業などに寄付する金銭。
5 **対価**《たいか》 財産や労力などを提供した報酬として受け取る財産上の利益。
8 **暗黙**《あんもく》**の社会的契約**《しゃかいてきけいやく》 市民の間に文化を大事にするという合意が明文化されずとも存在し、文化としての科学の研究に税金が使われるということ。

3 **「そのような営**《いとな》**み」とは、どのようなことをさすか。**

答 あることが大事であって、なければ寂しいというような、人間の精神的活動を支える文化としての営みのこと。

13 **その負託**《ふたく》**に応**《こた》**えて** 文化としての科学の営みを責任を持って行うように市民から任されたことに応えて。
「負託」＝物事を、その責任とともに任せること。
14 **享受**《きょうじゅ》**する** 受け入れて味わう。
15 **寄与**《きよ》 人や社会のために役立つこと。

教92ページ

4 **「科学研究**《かがくけんきゅう》**は社会**《しゃかい》**と独立**《どくりつ》**した独善的**《どくぜんてき》**な行為**《こうい》**ではない」というのはなぜか。**

答 科学研究は、科学が精神的豊かさをもたらす文化であるために、市民が科学の営みを科学者に託し、科学者の努力を応援しつつその成果を享受するということを前提として、研究への援助に合意することで行われているから。

「独善的」＝自分だけが正しいと考えるような、独りよがりな様子。

4 **趣味《しゅみ》の世界《せかい》……と類似《るいじ》した側面《そくめん》がある**　自然物を対象に、興味に応じて時間を費やし、追究していく点で類似していると述べている。

6 **個人《こじん》の興味《きょうみ》に閉《と》じている**　個人の興味の範囲に限定されている。

7 **科学《かがく》がもたらす所産《しょさん》**　科学によって解明・実証された事柄や成果。

11 **円滑《えんかつ》**　物事が滞りなく、すらすらと運ぶ様子。

第三段落　教92ページ12行〜95ページ1行

現代では、科学が技術と強く結びつきやすくなるという「科学の技術化」が進んでいる。理由として、科学の最前線が特殊化・専門化し、自然全体を大きく切り取る基本理論に欠けているため、原理的な世界の発見が滞り、技術的な側面に力点を置かざるを得ないことや、微視的世界の制御を通じて科学の前線を広げる動きが活発になり、科学と技術の領域が重なり合っていることがある。これに伴い科学者も実用の役に立つという意識が強くなり、それに迎合する姿勢も強まっている。

教92ページ

13 **科学《かがく》の技術化《ぎじゅつか》**　科学と技術が強く結びついていることを示す。

15 **科学《かがく》の最前線《さいぜんせん》が……基本理論《きほんりろん》に欠《か》けている**　科学の研究が最も進歩的かつ活発に行われている現場で、根底的な理論に大きく影響を与えるような研究がなされていないということを述べている。

教93ページ

3 **通常《つうじょう》科学《かがく》の域《いき》を脱《だっ》していない**　通常科学の範囲にとどまっているということ。

「域を脱する」＝一定の範囲や段階を越えて広がる。

7 **創薬《そうやく》**　薬剤を発見したり開発したりすること。

9 **クローズアップ**　特定の人やものを大きく取り上げること。

11 **セラミックス**　熱処理によって作られる製品の総称。天然原料から作られた従来のセラミックスを改良・発展させたものをニューセラミックスまたはファインセラミックスという。

16 **壮大《そうだい》な新理論《しんりろん》**　「自然全体を大きく切り取るような基本理論」（教92ページ15行）、「原理的な世界の発見」（教93ページ4行）を受けた表現。

教94ページ

2 **終始《しゅうし》する**　同じ状態が初めから終わりまで続く。

4 **ナノテクノロジー**　一ナノメートル（一〇億分の一メートル）という極細な単位を扱う技術。

4 **マイクロマシン**　半導体の微細加工技術を応用した超小型機械。

5 **基礎科学《きそかがく》**　実用上の目的から離れ、真理の探究を目的とする学問。
対 **応用科学《おうようかがく》**

9 **そこ**　一ミクロンから一ナノメートルの大きさの微視的世界。

14 **必然《ひつぜん》の方向《ほうこう》**　それ以外にありようがない成り行き。

15 **それに迎合《げいごう》する姿勢《しせい》**　科学者が、自分の考えにかかわらず、実用の役に立つことを目指す傾向に合わせようとする態度。

「迎合する」＝自らの考えに沿わないことでも、他人の気に入るように合わせる。

16 **知《ち》の私物化《しぶつか》**　公共の財とも言うべき「知」を私有物のように扱うこと。ここでは、科学的進歩が社会全体ではなく、企業などによって独占されることをさす。

第四段落 教95ページ2行〜97ページ5行

科学の技術化において問題なのは、科学の原理や法則を用いて人工物として製品化する際、企業の「経済的合理性」が優先され、環境倫理や安全性などの観点からの「技術的合理性」が問われなくなってしまうことである。科学者は、技術が現実との「妥協」の上に成立していることを認識し、安全が保証される限度を社会に伝える社会的責務がある。科学と技術の相違を見極め、技術的合理性がどこまで貫徹し、どこから破綻するかを常に言い続けなければならない。技術化への道は、技術の危うさを知ったうえで歩むべきだと常に自戒する必要があるのだ。

教95ページ

2 **技術的合理性《ぎじゅつてきごうりせい》** 科学の原理や法則を用いて人工物として製品化する際、どのような方式が最も合理的であるかという考え方。

8 **公共的《こうきょうてき》な配慮《はいりょ》** 社会の利益に寄与する広い視点からの配慮。

8 **コスト・パフォーマンス** 商品の価格や費用に対する生産性や機能、効率などの高さの度合い。費用対効果。

11 **経済的合理性《けいざいてきごうりせい》** できるだけ費用を抑えて、高い利益を上げるという、経済的な価値基準から見た論理。

5 「そのような状況《じょうきょう》」とは、どのようなことをさすか。

答 科学者が意図する環境倫理や安全性などの観点からの「技術的合理性」よりも、企業によるコスト・パフォーマンスという「経済的合理性」が優先されるようになるという状況。

13 **習《なら》い性《せい》になって** 習慣が生まれながらの性質のようになって。ここでは、企業の論理に従うことが当然のようになっていることをさす。

14 **危惧《きぐ》** 成り行きを心配して、おそれること。

14 **癒着《ゆちゃく》** よくない状態で固く結びつくこと。

教96ページ

1 **収束《しゅうそく》させようとする** 混乱した状態を収めようとする。

2 **罹患《りかん》する** 病気にかかる。

4 **豪語《ごうご》** 自信ありげに大きなことを言うこと。

6 **責任転嫁《せきにんてんか》** 自分の責任を人のせいにすること。

8 **限界強度《げんかいきょうど》** 物が耐え得る最大の強度。

6 「現実《げんじつ》との『妥協《だきょう》』」とは、どういうことか。

答 技術を通じて人工物とする際には、工期や予算や実用的便宜のために、ある限界強度を設定しているということ。

11 **社会的責務《しゃかいてきせきむ》** ここでは、技術に対して安全が保証される限度について社会に伝えるという、科学者が負うべき責任のこと。

13 **割《わ》り切《き》り** 例外を無視して下す判断のこと。ここでは、想定以上の地震や津波が来た場合の安全性を考えないという妥協をさす。

教97ページ

1 **責任《せきにん》を回避《かいひ》する** 自らの責任とならないように取り計らう。

2 **貫徹《かんてつ》** 貫き通すこと。

3 **破綻《はたん》する** 破れて修復できない状態になる。成り立たなくなる。

5 **自戒《じかい》する** 自分で自分を戒める。

手引き

学習の手引き

一 **行頭の接続詞に注意して全体を三つの段落に分け、さらに最後の段落を、内容から二つの段落に分けよう。**

解答 省略（「段落」を参照）

二 **右で考えた段落構成をもとに、次のことを考えよう。**

1 各段落の要旨をまとめる。
2 各段落の要旨に基づいて文章展開の構造を把握する。
3 この文章で筆者が最も述べたいことを押さえる。

解答例 1 省略（「段落ごとの大意」を参照）

2 科学と技術の違いを明らかにし、科学者は科学が文化として社会に受容されるよう努める義務があると述べたうえで、現代では科学と技術の結びつきが強くなりつつあるという事実と、その中で科学者が果たすべき社会的責務についての考えを示している。

3 科学が文化として社会に受容されていくために、科学の技術化が進む現代において、科学者は技術の危うさを知る必要があることを自戒し、科学と技術の相違を見極め、どこから環境への配慮や安全の保証がなくなるのかを社会に伝える責務があるということ。

三 **「科学」と「技術」の違いについて筆者はどのように述べているか、簡潔に説明してみよう。**

解答例 科学は文化として、精神的な安心感・充実感をもたらし、人々の世界観や自然観とも結びついて社会に影響を与えるもので、技術は文明の手段として、物質にはたらきかけて文明の質を変化させ、生活を便利にしたり社会を豊かにしたりするものである。

四 **第二段落で提示されている問いに対して、答えに当たる内容をまとめよう。**

考え方 「科学を文化として成り立たせているものは何なのだろうか」（九一・3）という問いに対して、第二段落の中ほどに、「科学が文化であるためには、科学者個人の努力とともに社会的受容が欠かせない条件」（九二・1）とある。「社会的受容」とは、市民が科学の営みを科学者に託し、応援しつつその成果を享受するという態勢のことである。

解答例 科学者個人の努力と、市民が科学の営みを科学者に託し、応援しつつその成果を享受するという社会的受容。

五 **「科学の技術化」（九三・13）について、筆者はどのような例をあげながら説明しているか。原因と結果の関係に注意して整理しよう。**

解答例 ・科学の最前線が特殊化・専門化し、自然全体を大きく切り取るような基本理論に欠けているため、通常科学の域を脱することができない状況であり、原理的な世界の発見が滞り、技術的な側面に力点を置かざるを得なくなっている。その結果として、科学の理論はそれぞれ、相対論→カーナビ、量子論→エレクトロニクス革命、プレートテクトニクス→地震や火山研究の基礎、DNAの二重ラセン構造→ゲノム解読を経た創薬や病気の治療、超伝導→リニアモーターの開発などの形で技術に応用されている。

・微視的世界での科学の前線を広げる動きにより、科学と技術の領域が重なり合っている。その結果として、生物の細胞形成、微小機械（マイクロマシン）の開発、微細構造物（ナノテクノロジー）の合成、医薬品の作製など、新規技術の可能性が生じている。

活動の手引き

一 **「科学の技術化」という現状における筆者の問題提起と、問題解決に向けた主張を参考にして、「科学と技術と私たちとの関係」について考えたことを文章にまとめ、発表し合おう。**

考え方 筆者は、科学者が考える環境倫理や安全性などの観点からの「技術的合理性」より、企業の考える「経済的合理性」が優先されるようになっていること、そのように科学者が「企業の論理に従うことが習い性になっている」ことが「科学の技術化」という現状における問題点だと述べている。これに対し、科学者が科学と技術の相違を見極め、どこから環境への配慮や安全の保証がなくなるのかを社会に伝え続けるべきだと主張している。これらをふまえ、私たちは科学と技術にどう向き合うべきなのかを考える。

言葉の手引き

一 **次の同音異義語を漢字に改めよう。**

1 身勝手なコウイを慎む。
先輩にコウイを寄せる。

2 キカイ工学を学びたい。
全く知るキカイがなかった。

3 失敗の責任を人にテンカする。
状況が良い方向にテンカする。
薬品に不純物をテンカする。

解答 1 行為・好意 2 機械・機会 3 転嫁・転化・添加

二 **次の語の意味を調べよう。**

1 負託（九一・13） 2 迎合（九四・15）
3 習い性（九五・13） 4 危惧（九五・14）
5 罹患（九六・2） 6 豪語（九六・4）

解答例 省略（「語句の解説」を参照）

三 **次の語句の意味を調べ、それぞれを使って短文を作ろう。**

1 暗黙の裡（九〇・9）
2 独善的（九二・3）
3 域を脱する（九三・3）

解答例 意味…省略（「語句の解説」を参照）

短文…1 新入部員が片づけをする慣習が部内に暗黙の裡にある。
2 独善的に進めると失敗するおそれがある。
3 彼の考えはおよそ推測の域を脱しない。

四 **筆者が、自分の考えをより一般化するために用いている文末表現を指摘してみよう。**

解答例 「普通のようである」（八九・3）・「重要だと言えよう」（九一・12）・「否定できない」（九二・13）・「当然と言えよう」（九四・1）・「必然の方向と言えるのかもしれない」（九四・14）・「確かである」（九四・16）

夢十夜

夏目漱石《なつめそうせき》

教科書P.100〜109

●学習のねらい

「夢」という非日常性を持った世界において、「自分」は何を判断の根拠としているかを読み解く。

●主　題

第一夜　死にゆく女と約束を交わし、日が昇り沈むのを数えながら、女の墓のそばで百年待った。墓石が苔《こけ》むすほどの長い年月が過ぎると、目の前で真っ白な百合《ゆり》の花が開いた。生と死、時間と空間を超越した永遠の愛を二人は成就させた。

第六夜　運慶《うんけい》が人の評判などに頓着なく仁王《におう》像を刻んでいた。若い男が、運慶は木の中に埋まっている仁王を掘り出していると言ったので「自分」も彫ってみたが、仁王を掘り当てられなかった。運慶の芸術には信念と自信に裏づけされた一生懸命さがあるが、「明治の人間」にはそれが欠けている。

●段　落

「第一夜」「第六夜」とも、それぞれ場面の展開、主人公（自分）の心境の変化などから三つの段落に分けられる。

第一夜

一　教P100・1〜P102・5　女との約束と女の死

二　教P102・6〜P103・2　約束どおり、墓のそばで待つ

三　教P103・3〜P103・14　百合が咲き、百年の経過に気づく

第六夜

一　教P104・1〜P106・3　運慶が仁王を彫るのを見る

二　教P106・4〜P107・10　仁王を「掘り出す」運慶の技

三　教P107・11〜P108・4　仁王を「掘り出」せない「自分」

段落ごとの大意と語句の解説

第一夜

第一段落　教100ページ1行〜102ページ5行

こんな夢を見た。あお向きに寝た女が、もう死にますと言う。上からのぞき込むと、真っ黒な瞳の奥に自分の姿が浮かんでいる。私《わたし》の顔が見えるかいときくと、そこに写ってるじゃありませんかと笑う。女は、死んだら墓を作って星の破片《かけ》を墓標《はかじるし》にして、墓のそばで百年待っていてください、きっと会いに来ますからと言う。自分がただ待っていると答えると、女の目は閉じ、涙が頬へ垂れた。女はもう死んでいた。

教100ページ

1 **こんな夢《ゆめ》を見《み》た**　このあとの話は夢の話であると、最初に読者に示している。「第一夜」の他、「第二夜」「第三夜」「第五夜」も「こ

んな夢を見た。」という書き出しで始まっている。

2 **座《すわ》っていると**　主語が明示されていないが、「自分」の動作。

3 **横《よこ》たえている**　横に寝かせている。

4 **頰《ほお》の底《そこ》**　頰の皮膚の下のことを表している。

4 **温《あたた》かい血《ち》の色《いろ》がほどよく差《さ》して**　健康そうな血色をしている様子。「差す」＝ここでは、何かの様子や気配などが表面に出てくる、の意。

4 **むろん**　もちろん。言うまでもなく。

4 **とうてい**　（下に打ち消しの語を伴って）どうしても（……ない）。

5 **自分《じぶん》もたしかにこれは死《し》ぬなと思《おも》った**　「女」の血色のよさから、「とうてい死にそうには見えない」と思っていたはずなのに、「もう死にます」と「女」に言われるとすぐ納得してしまっている。現実の世界で考えると妙に感じるが、夢の世界という設定であるので、心の動きが非合理的であってもおかしくない、と受け止められる。

1　**女がぱっちりと開けた「目《め》」は、何を象徴しているか。**

答　「生」の象徴。女がまだ生きていることを強調している。

8 **ただ一面《いちめん》に真《ま》っ黒《くろ》であった**　白目の部分がなく、目全体が真っ黒だった。

教101ページ

1 **これでも**　こんなにも黒目に色沢《つや》があって元気そうなのに、それでも。

2 **ねんごろに**　親密な様子で。親しみを込めて。

3 **見張《みは》ったまま**　目を大きく見開いたまま。

5 **一心《いっしん》に**　ここでは、心を一つのことに集中して熱心に、の意。

5 **そこ**　「女」の「真っ黒な瞳」をさす。「私の顔が見えるかい」という質問に対して、私の瞳にあなたの顔が写っているでしょ、と、自分自身の「真っ黒な瞳」のことを「そこ」と言って、不思議な答えを返している。

2　**「真珠貝《しんじゅがい》」「星《ほし》の破片《かけ》」から受けるイメージはどのようなものか。**

答　穴を掘ったり墓標にしたりするものに似つかわしくないので、現実味がなく、夢の中で起こっている幻想的なイメージ。

10 **墓標《はかじるし》**　墓のしるしにする石や木。普通は「ぼひょう」と読む。

16 **一段《いちだん》張《は》り上《あ》げて**　声の調子を一段階大きくして。

教102ページ

1 **百年《ひゃくねん》待《ま》っていてください**　「百年」は、とても待ってはいられないような長い時間。日本人の平均寿命は戦前まで五十歳に満たず、明治の世に「百年」生きることは、想像しがたいことであった。百年待っていてくれという願いは、永遠の愛を誓ってほしい、という願いに等しいと言える。永遠の愛は、「自分」が死の世界に行くことを前提としてかなえられる。「女」が「思い切った声」で言っていることにも注意。

3 **自分《じぶん》はただ待《ま》っていると答《こた》えた**　「自分」が永遠の愛を誓ったことを示している。このののち「女」は、安心して死んでいく。

3 **黒《くろ》い瞳《ひとみ》の中《なか》に……ぼうっと崩《くず》れてきた**　「女」の目に涙がにじん

できたことを示している。

4 **静《しず》かな水《みず》が動《うご》いて写《うつ》る影《かげ》を乱《みだ》したように、流《なが》れ出《だ》した**　涙が流れ出したことを表す。

5 **目《め》がぱちりと閉《と》じた**　教100ページ7行の「ぱっちりと目を開けた」に対応している。

第二段落　教102ページ6行～103ページ2行

自分は庭へ下りて、女から言われたとおりに真珠貝で穴を掘り、女をその中に入れてそっと土をかけ、星の破片の落ちたのを拾ってきて、土の上へ乗せて墓石とした。苔の上に座って待っていると、女の言ったとおり日が東から出て西へ落ちた。自分は一つ、二つとそれを勘定した。

教102ページ

7 **貝《かい》の裏《うら》に月《つき》の光《ひかり》が差《さ》してきらきらした**　夢の中らしい幻想的な光景の描写である。

3　**「上《うえ》からそっとかけた」「かろく土《つち》の上《うえ》へ乗《の》せた」という動作には、どのような気持ちが表れているか。**

答　「女」を優しくいたわるような気持ち。

10 **かろく**　軽く。古語「かろし(軽し)」の連用形。

12 **自分《じぶん》の胸《むね》と手《て》が少《すこ》し暖《あたた》かくなった**　「女」の遺言のとおりに埋葬を終えて、悲しみで冷えきった「自分」の心が少しほぐれてきたと考えられる。

13 **苔《こけ》**　「星の破片(＝隕石《いんせき》)」と同様に、長い時間を象徴している。

14 **丸《まる》い墓石《はかいし》**　星の破片で作った墓標をさす。同ページ10行の「星の破片は丸かった。」を受けている。

16 **のっと**　ぬっと。

16 **一《ひと》つ**　一日という意味。教103ページ2行の「二つ」も二日の意。

16 **勘定《かんじょう》した**　ここでは、数えた、の意。

教103ページ

1 **のそりと**　動きが鈍い様子。

1 **黙《だま》って沈《しず》んでしまった**　太陽が、「自分」の心中にはおかまいなしに無情にも東から出て西へ落ちていくことを、擬人化して表現している。

第三段落　教103ページ3行～103ページ14行

赤い日をいくつ見たかわからず、勘定し尽くせないほど赤い日が頭の上を通り越していったが、百年はまだ来ない。自分は女にだまされたのではなかろうかと思い出した。すると石の下から自分のほうへ青い茎が伸びてきて自分の胸のあたりまで来て止まり、茎の頂のつぼみが真っ白な百合の花びらを開いた。自分は露の滴る白い花びらに接吻《せっぷん》した。百年はもう来ていたんだな、とこのとき初めて気がついた。

教103ページ

4 **勘定《かんじょう》しても、勘定《かんじょう》しても、し尽《つ》くせないほど**　数えきれないほど長い年月が過ぎたことを示した表現。

5 **しまいには**　最後には。

5 **苔《こけ》の生《は》えた丸《まる》い石《いし》**　墓標として置いた丸い星の破片にも苔が生えるほど、長い年月が過ぎたことを示している。

7 **斜《はす》に**　ななめに。

8 **すらりと揺《ゆ》らぐ茎《くき》の頂《いただき》に、……ふっくらと花《はな》びらを開《ひら》いた**　ほっそりとした茎の上で、細長い一輪のつぼみが柔らかくふくらみ花開いたことを表している。ほっそりとたおやかな女性を思わせる表現。

4 **「真《ま》っ白《しろ》な百合《ゆり》」は、何を表しているか。**

答 清楚《せいそ》で、匂うように美しい女のイメージ。

10 **骨《ほね》にこたえるほど匂《にお》った**　まるで骨までが匂いを感じると思われるほど、百合の花の香りが強烈で、身にしみたこと。

10 **はるかの上《うえ》から**　遠い上のほうから。天から。

「はるか」＝距離が遠く離れている様子。

11 **滴《したた》る**　液体がしずくとなって垂れて落ちること。

12 **接吻《せっぷん》**　口づけ。キス。

12 **……拍子《ひょうし》に**　ここでは、……したはずみに、……したとたん、の意。

12 **暁の星《あかつきほし》**　明けの明星（明け方、東の空に出る金星）のこと。

「暁」＝夜明け。明け方。

13 **瞬《また》いていた**　ここでは、星がちらちらしていた、の意。

14 **百 年《ひゃくねん》はもう来《き》ていたんだな**　「自分」が、真っ白な百合が「女」であることを悟ったことを表している。また、永遠の時間の中に「自分」がいつの間にか組み込まれていたことを表している。

第六夜

第一段落　教104ページ1行〜106ページ3行

運慶が護国寺《ごこくじ》の山門で仁王を刻んでいるという評判を聞いて行ってみると、大勢の人が集まって下馬評をやっていた。山門のあたりの様子は古風で鎌倉時代とも思われるが、見ているものは、みんな自分と同じく、明治の人間である。

教104ページ

1 **山門《さんもん》**　寺の門。

1 **評 判《ひょうばん》**　ここでは、人々のうわさ、の意。

1 **散歩《さんぽ》ながら**　散歩をしながら。

「……ながら」＝二つの動作を並行して行うことを表す。

2 **下馬評《げばひょう》**　当事者でない人々が勝手にする批評やうわさ。

3 **甍《いらか》**　瓦ぶきの屋根。

4 **朱塗《しゅぬ》りの門《もん》**　赤く塗ってある門。

5 **目障《めざわ》り**　物を見るのに邪魔になるもの。

8 **見《み》ているもの**　見物人。

5 **「明治《めいじ》」と「運慶《うんけい》」「護国寺《ごこくじ》」という取り合わせの設定は、何を意味しているか。**

答 「自分」は明治の人間、運慶は鎌倉時代の彫刻家、護国寺は江戸時代の創建なので、時代がバラバラであり、夢らしい不条理さを意味している。

9 **相違《そうい》ない**　まちがいない。

11 **こしらえる**　ある物を作り上げる。ここでは、木を彫って像を作ること。

11 **骨《ほね》が折《お》れる**　労力がいる。困難である。たいへんである。

12 **わっしゃ**　私は、の意。江戸っ子らしい話しぶりを示している。

教106ページ

1 **強《つよ》いんだってぇからね**　強いんだと言うからね。

2 **尻《しり》をはしょって**　和服の裾を折り曲げて、尻の上のほうで帯にはさんでいる様子。

6　**「よほど無《む》教育《きょういく》」と評価するのはなぜか。**

答　仁王のことを「強そう」と言っているので、仁王が大力で仏敵を払って仏法を守るものであることを知らず、また、仏教の仁王と日本の伝説上の英雄である日本武尊《やまとたけるのみこと》を比べるような日本の文化や歴史について的外れなことを言っていることから。

第二段落　教106ページ4行〜107ページ10行

運慶は見物人の評判に頓着《とんじゃく》せずに鑿《のみ》と槌《つち》を動かし、仁王の顔のあたりをしきりに彫り抜いてゆく。運慶の古くさい様子と騒がしい見物人とはまるで釣り合いがとれない。一人の若い男が、運慶の鑿と槌の使い方は大自在の妙境に達している、運慶は木の中に埋まっている仁王を掘り出しているのだ、と言った。

教106ページ

4 **委細頓着《いさいとんじゃく》なく**　少しも気にかけることなく。全く無頓着に。

「委細」＝細かいこと。詳しいこと。詳細。

「頓着」＝気にすること。心配。「とんちゃく」とも言う。

4 **鑿《のみ》と槌《つち》**　木や石の加工に用いる工具。ここでは、彫刻の道具。

4 **一向《いっこう》**　少しも。全く。打ち消しの語を伴って、少しも……ない、全く……ない、の意味を表す。「いっこうに」と同じ意。

7 **くくっている**　縛りつけている。

7 **見物人《けんぶつにん》とはまるで釣《つ》り合《あ》いがとれない**　運慶が鎌倉時代の古くさい服装をしていて、明治の人間である見物人たちと全く釣り合いがとれていないのである。

8 **今時分《いまじぶん》まで**　今ごろまで。

10 **奇態《きたい》**　普通と違って珍しい様子。

10 **とんと感《かん》じ得《え》ない**　全く感じることができない。

12 **眼中《がんちゅう》に我々《われわれ》なし**　運慶が自分たち見物人など全く気にしないで、無視していることを言っている。

12 **仁王《におう》と我《われ》とあるのみ**　仁王と自分(運慶)しかいない。

7　**「自分《じぶん》はこの言葉《ことば》をおもしろいと思《おも》った」のはなぜか。**

答　若い男が、それまでの無教育な人々の下馬評と違い、運慶の仕事ぶりを的確に褒めたから。

16 **大自在《だいじざい》の妙境《みょうきょう》**　思いのまま物事を行える境地。

「大自在」＝おおいに思いのままであること。

「妙境」＝ここでは、芸術・技芸などの絶妙の境地、の意。

教107ページ

1 **一寸《いっすん》**　約三・〇三センチメートル。「寸」は、長さの単位。

1 **返《かえ》すやいなや**　返すと同時に。

「……やいなや」＝……するとすぐに。……すると同時に。

2 **ひと刻《きざ》みに削《けず》って**　一気に削って。

2 **槌《つち》の声《こえ》に応《おう》じて**　槌の音にこたえて。

3 **おっ開《ぴら》いた**　勢いよく開いた。「おっ」は、他の語の頭に付いて、意味や語調を強めるはたらきをする。

4無遠慮《ぶえんりょ》 遠慮のないこと。ここでは、刀《とう》の入れ方にためらいがない様子を表している。

4疑念《ぎねん》**をさしはさんでおらん** 疑いの心を持っていない。「さしはさむ」＝ここでは、ある考えを心の中に持つ、の意。

6無造作《むぞうさ》 かまえることなく、手軽にやってのける様子。

6あんまり ここでは、甚だしく、並はずれて、の意。「あまり」と同じ。

第三段落 教107ページ11行～108ページ4行

若い男の言ったように、木の中から像を掘り出すだけなら誰にでもできることだと思い、自分も家《うち》に帰って薪《まき》にするつもりだった樫《かし》を勢いよく彫り始めてみたが、不幸にして、どの木にも仁王は見当たらなかった。ついに明治の木には仁王は埋まっていないものだと悟り、それで運慶が今日まで生きている理由もほぼわかった。

教107ページ

8 「彫刻《ちょうこく》とはそんなもの」とは、どのようなことをさすか。

答 彫刻とは、木の中に埋まっているものを鑿と槌で掘り出すもので、まるで土の中から石を掘り出すようなものであるということ。

11はたして ここでは、本当に、その言葉どおりに、の意。

14先《せん》**だっての** 先日の。この間の。

16不幸《ふこう》**にして、仁王**《におう》**は見当**《みあ》**たらなかった** 運が悪いことに、仁王を掘り出すことはできなかった。「不幸にして」という表現から、仁王の埋まっている木さえあれば、自分にも仁王像が彫れるという「自分」の意識が読み取れる。

教108ページ

3蔵《かく》**している** 内にたくわえている。

3明治《めいじ》**の木**《き》**にはとうてい仁王**《におう》**は埋**《う》**まっていない** 「明治の木」は、文字どおり明治時代の木を表すのではなく、明治時代という時代精神や風潮をさしているのだろう。彫刻とは「誰にでもできること」(教107ページ11行)ではなく、まして、若い男の言うことをうのみにした自分のように、外からの知識や刺激に頼って左右される明治の人間には、内から発する力で成す芸術を表現することはできない、ということを言っていると考えられる。明治の人間へ向けられた漱石の批判精神に留意したい。

手引き

活動の手引き

一 「第一夜」「第六夜」のそれぞれについて、「自分」の視点から「夢」がどのように理解されているかを、次の手順で把握しよう。

1 「第一夜」について

(1) 「自分」が「とうてい死にそうには見えない。」(一〇〇・4)、「たしかにこれは死ぬな」（一〇〇・5）、「百年はもう来ていたんだな。」（一〇三・14）と判断した根拠を整理しよう。

(2)「女」と「百合」の描かれ方を対比して、「自分」の中で両者がどのようにつながっているか、本文を根拠に説明してみよう。

2 「第六夜」について

(1)「自分」が彫刻を「誰にでもできる」（一〇七・11）と判断した根拠を、本文をもとに説明してみよう。

(2)「運慶」と「明治の人間」とを対比的に描くことで、「明治」という時代を「自分」はどのように捉えていると思われるか、各自の考えを述べ合おう。

考え方 2 (2)運慶は見物人の評判などには無頓着で、ただ彫刻に没頭している、世俗を超越した芸術家として描かれている。見物している明治の人間は、漱石と同じ時代の人で、無教育で主体性の欠けた人間として描かれている。

解答例 1 (1)「とうてい…」…「頬の底に温かい血の色がほどよく差して、唇の色はむろん赤い」（一〇〇・4）から。

「たしかに…」…「女は静かな声で、もう死にますとはっきり言った」（一〇〇・5）から。

「百年は…」…百合が女だと悟ったから。

(2)表にして対比すると、次のようになる。

	「女」の描写	「百合」の描写
姿	輪郭の柔らかなうりざね顔	・すらりと揺らぐ茎 ・細長い一輪のつぼみ
白さ	真っ白な頬	・真っ白な百合・白い花びら
潤い	・大きな潤いのある目 ・静かな水が動いて写る影を乱したように、流れ出した ・長いまつ毛の間から涙が頬へ垂れた	冷たい露の滴る
「自分」との関係	・上からのぞき込むように ・ねんごろに枕のそばへ口をつけて	・ちょうど自分の胸のあたりまで来て止まった ・首を前へ出して冷たい露の滴る、白い花びらに接吻した

両者を対比すると、姿、白さ、潤いともに共通点がある。また、自分から近づいて口を寄せているという状況も共通している。それだけ「自分」は女と百合に魅力を感じているとも言える。そもそも百合は、女を埋めたところから伸びている。これらから、「自分」は百合を女だと判断した。

2 (1)若い男が運慶の仕事ぶりを的確に褒めたので「自分」はそれを「おもしろい」（一〇六・14）と評している。続けて若い男が、彫刻とは「眉や鼻が木の中に埋まっているのを、鑿と槌の力で掘り出すまで」（一〇七・8）と言ったので、「自分」は納得し、掘り出すだけなら誰でもできると考えた。

(2)状況や流行に左右されやすく、物事の本質を表現した真の芸術などは生まれることのない時代と捉えている。

二 **「第一夜」と「第六夜」のいずれかがテレビドラマになると想定して、新聞のテレビ欄にある、注目番組を紹介するコラムの記事を書いて発表し合おう。**

考え方 注目番組を紹介するコラムの目的は、読者にドラマを見たいと思わせることである。あらすじを紹介しつつ、この小説の山場や、読み取れる主題などに触れ、結末まで書いてしまわず続きはドラマで確認させるような内容もよい。あるいは、夏目漱石は有名な作家なので、読者もこの小説の内容を知っていることを前提に、「星の破片」や、運慶が鼻を彫った描写の映像などに期待をもたせるような書き方もよいだろう。

言葉の手引き

一 **次のかたかなを漢字に改めよう。**

1 顔のリンカクがぼやける。
2 リジュンを追求する。
3 シュギョクの名曲を収める。
4 トウトツな質問を受ける。
5 ホウビの品を与える。

解答 1 輪郭　2 利潤　3 珠玉　4 唐突　5 褒美

二 **次のかたかなを、傍線部の字の違いに注意して、漢字に改めよう。**

1 事情をカンアンして結論を出す。
　カンニン袋の緒が切れる。
2 万雷のハクシュで迎える。
　実力ハクチュウの勝負。
3 ケンジツに得点を積み重ねる。
　ケンメイな判断である。

解答 1 勘案／堪忍　2 拍手／伯仲　3 堅実／賢明

三 **「骨が折れる」(一〇四・11)のような、「骨」を使った慣用表現を調べてみよう。**

解答例 馬の骨／恨み骨髄に徹す／肉を斬らせて骨を斬る／気骨《きぼね》が折れる／愚の骨頂／骨肉相食《は》む／骨折り損のくたびれ儲《もう》け／骨に刻む／骨身を削る／骨を埋める／骨を惜しむ／骨を拾う／老骨にむち打つ　など

四 **次の表現が表すイメージを説明してみよう。**

1 赤いまんまでのっと落ちていった。(一〇一・15)
2 すらりと揺らぐ茎の頂に(一〇三・8)

解答例 1 変化を予感させず急に落ちるイメージ。
2 細く形のよい茎が静かに揺れているイメージ。

4 現代の「世論操作」

林《はやし》　香里《かおり》

教科書P.112〜119

●学習のねらい

情報操作の具体例を通して筆者が提起する課題を理解し、メディア社会に生きる者として問題意識を持つ。

●要　旨

デジタル化とグローバル化の中、権力のあり方は変化している。個人の情報データを掌握し、世論を操作するなど、情報操作のために不可視化され、抽象化され、日常に遍在するようになった「権力」に対して、ジャーナリズムは監視の手綱を緩めてはならない。

●段　落

本文は、内容に従って、三つの段落に分けられる。

一　教P112・1〜P116・8　人々はデータによって操作されていく

二　教P116・9〜P117・15　個人が権力によって監視される時代

三　教P117・16〜P118・8　権力に対する監視を緩めてはならない

段落ごとの大意と語句の解説

第一段落　教112ページ1行〜116ページ8行

現代の世論操作は、かつてのプロパガンダとは違う形で行われている。アメリカやドイツ、イギリスでは、個人のあらゆるデータを引き出して調査分析し、それをもとに政治意見を誘導するマイクロ・プロパガンダとも呼ばれる世論操作が行われた。

教112ページ

1 **独裁者《どくさいしゃ》**　自分だけの考えで物事を決める人。絶対的権力を持って政治を支配する人。

4 **陰《かげ》の立役者《たてやくしゃ》**　物事を成功に導くために、見えないところでそれを支えている人物。

「立役者」＝物事の中心となって活躍する人。

5 **投資《とうし》**　利益を見込んで、事業や不動産などに資金を投下したり、株券や債券を買ったりすること。

6 **スペシャリスト**　特定分野の専門家。その道での能力や技術の持ち主。

8 **参謀《さんぼう》**　重要な計画に加わり、その実行を助ける人。

10 フェイスブック　ソーシャル・ネットワーキング・サービスを提供するアメリカの企業組織。同サービスでは、実名で登録し、情報を発信したり、登録者どうしがインターネット上でコミュニケーションをとったりすることができる。友達リクエストを申請し、相手に承認されると、その相手が友達にだけ公開している個人データや投稿を閲覧することが可能になる。

教113ページ

2 一躍《いちやく》　地位などが急に高くなること。

3 「水曜日《すいようび》の雨《あめ》の朝《あさ》に……さほど変《か》わりはない」　データを使ったキャンペーンや仕掛け作りをすれば、人々にいつも使う歯磨き粉のブランドを変えさせることができるように、平日の雨の朝という人々が行動しにくい状況でも選挙に行かせることが簡単にできるということ。

13 アマゾン　インターネットを通じて商品を販売するオンラインストアの運営を手掛けるアメリカの企業。

1

「私《わたし》のことを私《わたし》より知《し》っている」とは、どういうことか。

答

「私」にまつわる膨大なデータを集積、分析することで、「私」について、「私」が気づいていないことまで知ることができているということ。

教114ページ

3 糾合《きゅうごう》　ある目的のために一つに集めること。

本来は、人を呼び集めることをいう。

4 人《ひと》となり　人柄、持ち前の性質。

5 演説《えんぜつ》をぶって　演説で、威勢よく話すことを表す。

5 扇動的《せんどうてき》　人々の気持ちをあおり立てて、ある行動を取るようにしむける様子。

11 負の遺産《いさん》　ここでは、過去に犯した過ちや問題など、引き継ぐ者の重荷になる物事。

12 タブー　口に出したり行ったりしてはいけないこと。禁忌。

13 極右《きょくう》　極端な右翼思想。「右翼」とは、保守主義・国粋主義（自国の歴史や伝統が他の国よりも優れていると信じて、守っていこうとする考え方）の思想傾向のこと。

13 躍進《やくしん》　勢いよく進出すること。

16 ネットメディア　インターネットを通じてのコミュニケーションの際、媒介となるもの。

教115ページ

4 PR　public relations の略。会社や公共団体などが、事業内容などについて多くの人に知ってもらい、理解や協力を得ようとする組織的活動。ここでは、宣伝・広告。

12 ツイート　もとは小鳥のさえずりを表す擬声語で、ここでは、ソーシャル・ネットワーキング・サービスの「Twitter」に投稿されたテキストや画像・動画などのことをさす。

教116ページ

1 抑圧《よくあつ》　欲望・行動などを無理やりおさえつけること。

2 不可視化《ふかしか》　目に見えないようにすること。ここでは、対抗意見が人々の目に触れないようにすることをさす。

対　可視化《かしか》

5 加担《かたん》　力を添えて助けること。

第二段落　教116ページ9行〜117ページ15行
政治家の活動を監視するメディアは必要だが、現代社会では、監視すべき権力が見えにくくなっており、逆に私たちのほうが権力に監視される立場に置かれている。

教116ページ

2 『権力《けんりょく》』とは何《なん》なのかが、非常《ひじょう》に見《み》えにくくなって」いるのはなぜか。

答 首相や大統領といった政治家だけではなく、情報技術を扱う企業も世論を操作する「権力」を持ち得るが、その存在自体や、そこに集まる個人データが誰によってどう活用されているのかが不透明であるから。

15 グーグル　世界最大のインターネット検索エンジンを提供・運営するアメリカの企業。

教117ページ

1 開示《かいじ》する　外部に情報などを明らかに示す。
2 術《すべ》　方法。手立て。手段。

6 便宜《べんぎ》を図《はか》って　相手の都合がよいように、特別に計らって。
8 夜討《ようち》ち朝駆《あさが》け　新聞記者などが、夜遅く、あるいは、早朝をねらって取材先を不意に訪問すること。
9 リーク　機密情報が漏れること。また、意図的に漏らすこと。

第三段落　教117ページ16行〜118ページ8行
デジタル化とグローバル化の中、変化する「権力」に対して、ジャーナリズムは監視の手綱を緩めてはいけない。

教118ページ

4 コラボレーション　共同作業。合作。
6 抽象化《ちゅうしょうか》　ここでは、実際の様子がはっきりとわからないようにすること。
対 具体化《ぐたいか》
7 遍在《へんざい》する　広く行きわたって存在する。
対 偏在《へんざい》
7 手綱《たづな》を緩《ゆる》めてはいけない　「手綱」は、馬を操るための綱または革製のひも。「手綱を締める」で個人や組織を制御することを表し、「手綱を緩める」はその制御を以前より緩やかにすることを表す。

手引き

学習の手引き

一 本文を三つの段落に分けた場合、事例をあげた第一段落と第二・第三段落とはどのような関係にあるか、説明してみよう。

考え方 三つの段落の分け方は「段落」を参照。各段落の内容は次のとおり。

第一段落…アメリカ・ドイツ・イギリスで、企業が個人データを収集・分析し、それを使って選挙などにおける世論操作を行った事例。
第二段落…現代社会では情報技術を扱う企業が私たちを監視する立場にあり、「権力」を持つ状態になっているという問題提起。
第三段落…国際的な権力を持つ企業が台頭し、権力のあり方が変化しても、ジャーナリズムが監視の手綱を緩めてはならないという結論。

解答例　企業が個人データを収集・分析し、それを使って世論操作を行う事例をあげた第一段落を受けて、第二段落では現代社会の権力のあり方が変化しているという問題を提起し、第三段落では変化する権力に対しても監視を続ける必要性があると結論づけている。

二　第一段落の事例について、次のことを確認しよう。

1　アメリカ、ドイツ、イギリスで行われた世論操作の方法と結果について。

2　「これは、アメリカだけの話ではありません。」（二四・9）という表現を入れた意図と効果について。

解答例　1　○アメリカ　方法…大統領選の際に、フェイスブックから得た情報データを調査分析して共和党に有利な選挙キャンペーンを打ったり、自動送信の大量ツイートで意見を操作したりして、親トランプの世論形成を主導した。

結果…共和党支持を増やし、トランプ政権が誕生した。

○ドイツ　方法…連邦議会選挙の際に、極右政党の宣伝にネットメディアを使い、女性を中心としたソフトなイメージのポスターを作るなどのPRを展開した。

結果…極右政党が躍進した。

○イギリス　方法…EUへの残留か離脱かを問う国民投票の際に、EU離脱を支持する内容のツイートを自動送信の仕組みを使って大量に送信した。

結果…対抗意見が抑圧、不可視化された。

2　意図…世界中で同様の事例が起こっているということを示す。

効果…ドイツやイギリスといったヨーロッパでの事例も、アメリカの事例と同様に、世論操作がなされていたものであることが明確になる。

三　「こうした状況」（二七・7）について、筆者が具体的に述べている内容を整理し、こうした状況においてどのようなことが懸念されるか、考察してみよう。

考え方　「こうした状況」は、一つ前の段落の「現代社会」の状況を言い換えたものであるから、この内容を押さえる。「懸念される」ことについては、次の段落に「それどころか、逆に私たちのほうが、ますます権力に監視される立場に置かれています」「私たちの行動は見張られています」とあることに注目する。

解答例　状況…・プロパガンダがどの国のどの会社から行われているのかがわからない。

・情報テック企業に集められた個人データが誰の手でどう活用されているのかが不透明。

・市民が情報テック企業を監視する術がない。

・情報テック企業が提供する情報プラットフォームを、あらゆる人が日常的に利用している。

懸念されること…個人情報が蓄積されたり、行動が見張られたりと、私たちが権力に監視される立場に置かれること。

活動の手引き

一　本文は、どのような立場にある筆者が、どのような対象に向けて書いた文章か、考えてみよう。

考え方 「私はジャーナリズムを教える立場から」(二六・9)とあることと、本文最後で「『権力』に対して、ジャーナリズムは監視の手綱を緩めてはいけない」と結論づけていることに注目する。

二 「ますます権力に監視される立場に置かれています。」(二七・11)とあるが、メディア社会に生きる人間としてどのような課題があるか、各自で考えたことを文章にまとめて発表し合おう。

考え方 私たちが日常的に利用している情報プラットフォームに膨大な個人情報が集められており、情報操作に利用される可能性があるということを念頭に置いて行動することや、大量の情報を収集・分析することが「権力」を持つことにつながるということを認識し、不当な操作が行われないよう注視することなどが考えられる。

言葉の手引き

一 次のかたかなを漢字に改めよう。

1 イチヤク時の人となる。
2 四散した仲間をキュウゴウする。
3 大衆をセンドウする演説を行う。
4 予想外の結果にショウゲキを受ける。

解答 1 一躍　2 糾合　3 扇動　4 衝撃

二 次の同訓異字語を漢字に改めよう。

1 要人の暗殺をハカる。
2 友人に便宜をハカる。
3 企画案を会議にハカる。

解答 1 謀　2 図　3 諮

三 次の副詞を用いて短文を作ろう。

1 さほど(二三・4)
2 おそらく(二三・13)
3 むしろ(二六・12)

解答例 1 私の部屋はさほど広くはない。
2 おそらく公演は延期になるだろう。
3 試合には負けたが、全力を尽くしたので悔しいというよりむしろすがすがしい気持ちになった。

四 次の語句の意味を調べ、それぞれを使って短文を作ろう。

1 陰の立役者(二三・4)
2 演説をぶつ(二四・5)
3 夜討ち朝駆け(二七・8)
4 手綱を緩める(二八・7)

解答例 意味…省略(「語句の解説」を参照)
短文…1 彼は文化祭成功の陰の立役者だ。
2 全校生徒の前で演説をぶつ。
3 国会議員に夜討ち朝駆けで取材をする。
4 学校の秩序を守るためにも、生徒会長である僕が手綱を緩めるわけにはいかない。

フェアな競争

内田《うち》《だ》　樹《たつる》

教科書P.121〜130

学習のねらい

筆者が自説を述べるための論の進め方を捉え、「社会的共通資本」と「フェアな競争」との関係を押さえる。

要旨

社会的共通資本の管理運営には、政治イデオロギーと市場経済は関与してはならないという「常識」が通らなくなってきている。社会にあるものはすべて「フェアな競争」によって争奪されるべきものので、力のある個人が私有して当然だと考える人たちが増えてきたからである。しかし、公共的な価値を顧みず、同時代の競争相手だけでなく、未来の人を含め競争に参加していない人やできない人たちからも利益の分け前を奪う「フェアな競争」は、長期的に見て集団の存続を土台から脅かすリスクを含む。共同体の未来の世代のことを考えない人たちを「リアリスト」と呼ぶのは同意できない。

段落

本文は、内容に従って、四つの段落に分けられる。

一　教P121・1〜P123・2　社会的共通資本についての常識
二　教P123・3〜P126・2　リバタリアンの唱える「フェアな競争」
三　教P126・3〜P128・3　「フェアな競争」に潜むリスク
四　教P128・4〜P129・4　共同体の未来を考える必要性

段落ごとの大意と語句の解説

第一段落　教121ページ1行〜123ページ2行

社会的共通資本には、自然資源、社会的インフラ、制度資本の三つがある。これらは専門家の専門的知見に基づいて管理運営されなければならず、そこに政治イデオロギーと市場経済は関与してはならない。政権交代や株価変動に連動して変化してはならないためであり、制度論の常識である。

教121ページ

1 **立《た》ちゆかない**　成り立っていかない。

1　三種類の「社会的共通資本《しゃかいてききょうつうしほん》」の共通点は何か。

答　専門家の専門的知見に基づいて管理運営されなければならず、政治イデオロギーと市場経済は関与してはならないという点。

8 **ライフライン**　都市生活の維持に必要不可欠なシステム。生命線。

教122ページ

5 **専門的知見《せんもんてきちけん》**　専門家の見方による、より正しい認識や見解。

8 **関与《かんよ》**　ある物事に関わりを持つこと。

9 **駆動《くどう》** 駆り立てて動かすこと。

13 **政局《せいきょく》** 政治の動向や情勢。

教123ページ

2 **制度論《せいどろん》** 国や社会などを統治・運営するためのきまりに関する論。

第二段落 教123ページ3行〜126ページ2行

社会的共通資本についての「常識」はもう通らない。社会にあるものはすべて「誰かの私物」であってよく、すべての資源は「フェアな競争」によって争奪されるべきもので、教育や医療、ライフラインも森や湖も、「力のある個人が私有して当然だ」と考えるリバタリアンという人たちが増えてきたからである。彼らは、自分たちの地位や名声や資産は個人的努力の成果だとし、その成果たる資源を貧者に再分配することを認めない。教育も、受けたければその代価は自分で払うべきで、それがフェアネスというものだと言う。しかし、「フェアな競争」は、長期的に見ると集団の存続を土台から脅かすリスクを含む。

教123ページ

7 **成員《せいいん》** 集団や共同体などを構成している人。

14 **争奪《そうだつ》** 互いに争って奪い合うこと。

教124ページ

1 **無償《むしょう》** 代価を払わなくてよいこと。

1 **虫《むし》のいい** 自分の都合だけを考えて他を顧みず、身勝手な様子。

3 **その「上前《うわまえ》」を公権力《こうけんりょく》がはねて** 個人的努力の成果である地位や名声や資産の一部を、公権力が自分のものとして。

「上前をはねる」＝他人の利益の一部を自分のものにする。

2 **「自己努力《じこどりょく》の成果《せいか》たる資源《しげん》」とは、何をさすか。**

答 自分の個人的努力によって手に入れた資産としての「社会的共通資本」。

6 **アンフェア** 公正でないこと。不公平なこと。

10 **発祥《はっしょう》** 物事が起こり現れること。

10 **歴史的必然《れきしてきひつぜん》** 歴史的に必ずそうなること。

13 **刻苦勉励《こっくべんれい》** 苦労して学問などに努め励むこと。

16 **受益者《じゅえきしゃ》** 直接の利益を受ける者。

教125ページ

3 **ここで言う「フェアネス」とは、どういうものか。**

答 価値あるものを手に入れるための代価は自分で払うべきで、無償で手に入れることはできないという考え。

7 **ロジック** 論理。論法。

4 **ここでの「有産階級《ゆうさんかいきゅう》」とは、どういう人々をさすか。**

答 自分たちが働いて稼いだ金で、自分の子供たちを学校に入れて教育を受けさせている人々。

8 **理路《りろ》** 物事の道理や筋道。

5 **「公教育《こうきょういく》」の目的は何か。**

答 子供たちに平等に教育機会を与えること。

13 **中産階級《ちゅうさんかいきゅう》**　有産階級と無産階級の中間の層。自営農業者や中小商工業者、公務員などが該当する。ここでは、公立学校がなければ子供に教育を受けさせられなかった層を含め、大多数の層の人々をさす。

教126ページ

1 **整合的《せいごうてき》**　矛盾がなくぴったり合っている様子。

2 **リスク**　危険や損害を受ける可能性。

第三段落　教126ページ3行～128ページ3行

「フェアな競争」を続けると、公共的な価値を顧みなくなり、同時代の競争相手からだけでなく、未来の人を含め競争に参加していない人やできない人たちからも利益の分け前を奪ってしまう。これを制止するには、「私有化になじまない共通の資源」があり、競争の勝者だけでなく敗者や競争に参加しなかった者たちにも分配すべきだという「常識的」なルールへの社会的合意が必要である。

教126ページ

3 **アナウンス**　ここでは、広く告げ知らせることをさす。

5 **保全《ほぜん》**　保護して安全であるようにすること。

8 **個人《こじん》の可動域《かどういき》は狭《せま》く、寿命《じゅみょう》も高《たか》が知《し》れています**　個人ができることには限度があるとすることで、その人以外の人間の存在や、その人が死んだ後の世界があることを示唆している。

「可動域」＝動かすことができる範囲。

「高が知れる」＝程度がわかる。大したことはない。

11 **後《あと》は野《の》となれ山《やま》となれ**　当面のことが済めば、後はどうなってもかまわない。

16 **禍根《かこん》**　災いが起こるもとや原因。

教127ページ

1 **コスト**　ある事柄のために必要とされる費用。

4 **軍配《ぐんばい》が上《あ》がります**　「軍配が上がる」は、勝ちになる、ということ。

4 **ツケ回《まわ》し**　後で支払いをさせること。

6　「『フェアな競争《きょうそう》』のピットフォール」とは、どういうものか。

答　現在の自分が勝つことだけを考えて、同時代の競争相手からだけでなく、未来の人を含め競争に参加していない人やできない人たちからも利益の分け前を奪ってしまうというもの。

8 **枯渇《こかつ》**　水や物が尽きてなくなること。

教128ページ

1 **線引《せんび》き**　区分けすること。

7　「勝者《しょうしゃ》の総取《そうど》り」とは、どういうことを意味しているか。

答　勝者が利益を独占し、取り分の一部を、競争の敗者や競争に参加しなかった者たちのために割こうとしないこと。

第四段落　教128ページ4行～129ページ4行

社会的共通資本に関する「当たり前のこと」はロックやホッブズやルソーが三百年前に語っていたことであり、人類は三百年かけてほとんど進歩しなかったことになる。完全な格差社会は地球全域にわたって長期的に存立することはできない。共同体の未来の世代がどうなるかについて何も考えない人たちを「リアリスト」と呼ぶことに同意することはできない。

教128ページ

6 **基礎《きそ》づける**　物事の基礎を固める。実現・定着を図る。

8 **ここで言う「完全《かんぜん》な格差社会《かくさしゃかい》」とは、どういうものか。**

答 資源分配競争における取り分の差や、それによって生じる個人の地位や資産、教育の機会などの差をそのまま認める社会。

10 **頭数《あたまかず》**　人の数。必要な人数。

14 **競争原理《きょうそうげんり》**　競争の根本的基本的な仕組み。

16 **洗《あら》いざらい**　何から何まで残らず。すっかり。

教129ページ

2 **リアリスト**　現実に即して物事を考える人。現実主義者。

2 **勘定《かんじょう》に入《い》れる**　考えることや予想することの対象にする。

手引き

学習の手引き

一 **逆接の接続詞に留意して本文を四つの段落に分け、段落相互の関係を押さえながら、論の展開のしかたを確認しよう。**

解答例 段落分け…省略（「段落」を参照）

論の展開…第一段落で社会的共通資本についての「常識」について述べ、第二段落でその「常識」が通らない現状とその問題点をあげている。そして、第三段落でその危険性を説明し、これを制止するため社会的共通資本についての社会的合意が必要であることを述べ、第四段落でそれが未来の世代のためでもあることを述べている。

二 **各段落において、筆者は事実や事例をあげながら説明をし、説明をした内容に対する自分の意見を述べるという論述の方法を採っている。各段落の内容と、それに対する筆者の意見とを簡潔にまとめよう。**

解答例 第一段落　内容…社会的共通資本には、自然資源、社会的インフラ、制度資本の三つがある。これらは専門家の専門的知見に基づいて管理運営されなければならず、政治イデオロギーと市場経済は関与してはならないとされる。

筆者の意見…インフラや教育や医療などは、政権交代や株価変動に連動して変化するものであってはならないので、社会的共通資本の管理運営に政治と市場が関わってはならないことは常識である。

第二段落　内容…すべての資源は「フェアな競争」によって争奪されるべきもので、教育や医療なども力のある個人が私有して当然だと考えるリバタリアンという人たちがいる。地位や名声や資産は個人的努力の成果だとし、その成果として手に入れた社会的共通資本を再分配することを認めず、教育も代価は自分で払うべきだという。

筆者の意見…一見すると合理的だが、その言い分が通り、公教育が行われなかったら、社会に大きな貢献をした人材の多くを失って、現在のような進歩はなかったはずである。「フェアな競争」は長期的に見ると、集団の存続を土台から脅かすリスクを含んでいる。

第三段落　内容…「フェアな競争」を続けると、公共的な価値を顧みなくなり、同時代の競争相手からだけでなく、未来の人を含め競争に参加していない人やできない人たちからも利益の分け前を奪ってしまう。

筆者の意見…「私有化になじまない共通の資源」があり、競争の勝者だけでなく敗者や競争に参加しなかった者たちにも分配すべきだという「常識的」なルールへの社会的合意が必要である。

第四段落　内容…社会的共通資本に関することは「当たり前のこと」で、ロックやホッブズやルソーが語っていたことである。人類は三百年をかけてほとんど進歩しなかったということだ。

筆者の意見…その時代に生きている人しか参加できない資源分配競争によって成り立つ格差社会は、地球全域にわたって、長期に存立することはできない。共同体の未来の世代がどうなるかについて何も考えない人たちを「リアリスト」と呼ぶことに同意はできない。

三　筆者が述べる「フェアな競争」を推し進める社会と、そのような動きを抑制する社会とでは、人類の生存や共同体の存続においてどのように影響が異なるのか、筆者の意見に即して説明してみよう。

解答例　「フェアな競争」を推し進めると、格差社会が進み、貧しい者は教育を受ける機会が得られなくなり、未来の共同体に貢献できる人材を失ってしまう。また、公害が進み環境悪化によって人類の生存や共同体の存続自体を揺るがすおそれがある。対して「フェアな競争」を抑制する社会では、社会的共通資本は人類共有のものとして長期的な持続が図られる。また、公平な教育の機会が与えられ、未来の共同体に貢献できる人材を育てられる。

四　本文中で筆者が述べている事実説明や意見のうちのいずれかを取り上げ、それに対して賛否の両面から自分の考えをまとめて発表し合おう。

解答例　「『フェアな競争』という言葉に、あまり簡単に頷《うなず》くべきではありません。」（二五・16）という意見について。

賛成…「フェアな競争」を推し進めようとする人たちは、「フェア」という表現の持つ「正しい」というニュアンスを利用して、自分たちの行為を正当化しようとしているように思われる。筆者が言うように「共同体の未来」という観点から議論すべきである。

反対…努力の成果として適切な分配が受けられることは、励みにもなり、生産的な生き方につながると思われる。「フェアな競争」を認めつつ、社会的共通資本を守れるようルールを整備すべきである。

活動の手引き

一　「ロックやホッブズやルソー」（二八・5）と三者が併記されているが、彼らの事績を調べ、「近代市民社会を基礎づけるために語ったこと」と筆者が述べる内容との関わりについて、文章にまとめて発表し合おう。

考え方　三者の考えや主張の要点は次のとおり。

ロック…食料や資源は増やすことができるので、万人は自由・平等・独立・平和の状態にあると考え、それらの自由や平等をより完全なものにするために、各個人は自身の持つ生命・自由・財産の権利を代表者に信託し、その代表者からなる議会がそれらの権利を保障する、間接民主制によって国家を運営すべきだと主張した。

ホッブズ…人間が生きていくために必要な食料や資源は有限なので、法や正義が存在しなければ、個人が互いの権利を主張し合うことで争いが生じると考え、そのような「闘争」を回避するために、国家

（君主）が社会の調停者の役割を果たし、各個人は自身の生命や財産に関わる権利を国家に譲渡・放棄すべきだとした。

ルソー…人間は元来闘争せず、自由・平等で、精神的にも経済的にも独立した存在だが、私有財産制による文明の発達がその状態を破壊するとし、個人は自由・平等に関する権利を共同体に譲渡し、共同体を個人が参加する直接民主制によって運営すべきだと主張した。

言葉の手引き

一　次のかたかなを漢字に改めよう。

1　ムショウでイリョウを受ける。
2　優勝旗をダッシュする。
3　四大文明のハッショウの地。
4　将来にカコンを残す。
5　経費をサクゲンする。
6　才能がコカツする。

解答　1　無償・医療　2　奪取　3　発祥　4　禍根　5　削減　6　枯渇

二　次の慣用表現の意味を調べ、それぞれを使って短文を作ろう。

1　虫の（が）いい（二四・1）
2　上前をはねる（二四・3）
3　高が知れる（二六・9）
4　後は野となれ山となれ（二六・11）
5　軍配が上がる（二七・4）

解答例　意味…省略（「語句の解説」を参照）
短文…1　自分だけは損しないと考えるとは虫がいい話だ。
2　他人の上前をはねるようなずるいことはするな。
3　すごいと言っても素人のすることは高が知れている。
4　自分の分担の仕事を終えたので、後は野となれ山となれだ。
5　熱戦の末、初参加のチームに軍配が上がった。

三　本文の特徴について、次の点から受ける印象と、その効果を考えてみよう。

1　話し言葉に近い表現が使われている点。
2　外来語（カタカナ語）が多く使われている点。
3　極端な事例があげられている点。

考え方　1　「この空気はオレのものだから他の人間は吸うな」（三・5）、「この河の水は全部オレのものだからオレ以外の人間は飲むな」（三・5）など、「　」のついた主張部分に多く使われている。
2　「社会的インフラ」（三・8）、「ライフライン」（三・8）、「クールかつリアル」（三・5）など。
3　「『オレの気に入らないから、おまえは死刑』というようなこと」（三・3）、「自分以外の人間がどうなっても構わない、……ということ」（二六・10）など。

解答例　1　身近でわかりやすい印象を与える効果がある。
2　現代的な言い方で軽快な印象を与えるとともに、外来語や専門用語などの意味を本来の意味に近い形で伝える効果がある。
3　説明の内容をわかりやすくし、より軽い事例については当然当てはまることを示唆する効果がある。

鏡

村《むら》上《かみ》春《はる》樹《き》

教科書P.132〜141

●学習のねらい

恐怖体験の一つとして語られる、幽霊でも超常現象でもない、人の内面に潜む恐怖とは何かを読み解く。

●主　題

「僕」は、新潟の小さな町のある中学校で夜警をしたときの体験談を語る。深夜の見回りで「鏡」の中に映っている自分を見るが、その鏡に映っている「僕」は、「僕」自身とは別の存在で、心の底から「僕」を憎んでいる者であることを理解する。自分が認識していない自分を突然見る恐怖感を一人称の語りの形式で描き、自己存在の背後に潜む感覚を描き出している。

●段　落

本文は、一行空きによって四つの段落に分けられる。

一　教P132・1〜P134・2　体験談を語るまで
二　教P134・3〜P135・4　中学校での夜警のアルバイト
三　教P135・5〜P139・14　鏡の中に「僕」を見る
四　教P139・15〜P140・10　「僕」が恐れるもの

段落ごとの大意と語句の解説

第一段落　教132ページ1行〜134ページ2行

主人《ホスト》としてみんなの体験談を聞いていた僕は、幽霊の話や虫の知らせなどには縁がない。二人の友だちとエレベーターに乗っていて、僕のわきに女の幽霊が立っていたと二人が言ったときも僕はまったく気づかなかった。そんな僕にも一度だけ、心の底から怖いと思ったことがある。

教132ページ

3 **それが何《なに》かの力《ちから》によってどこかでクロスする**　生の世界と死の世界が何かの力によってどこかで交差するということ。
「クロスする」＝交差する。

5 **虫《むし》の知《し》らせ**　よくないことが起こりそうな感じがすること。

1　**みんなの体験談のタイプを「ふたつに分類《ぶんるい》」したのはなぜか。**

答　どちらのタイプにも属さない怖い体験があることを強調するため。

10 **個人的《こじんてき》な傾向《けいこう》**　幽霊を見る人と虫の知らせを体験する人は、それぞれの一方だけを経験しがちであるという傾向。

12 **どちらの分野《ぶんや》にも適《てき》さない**　「僕」が変わった体験をすることのない人間であることを述べている。このことを少しあとで「散文的な人生」（教133ページ9行）と言い換えている。

教133ページ

1 **予知夢《よちむ》**　将来起きる出来事を前もって知らせるような夢。

5 **わざわざ僕《ぼく》をかつぐようなタイプ**　わざわざ「僕」をだましておもしろがるようなタイプ。

「かつぐ」＝からかってだます。

8 **僕《ぼく》という人間《にんげん》は幽霊《ゆうれい》だって見《み》ないし、超能力《ちょうのうりょく》もない**　ここでは幽霊を見ることや超能力を持つことが、おもしろみのあることとして捉えられている。

2　**「散文的《さんぶんてき》な人生《じんせい》」とはどういう人生か。**

答　詩や短歌、俳句など趣深い韻文と違い、ごく普通の文章である散文のように、詩的(韻文的)でない、ありきたりな人生。

「散文」＝句読点などを用いて表した通常の文章。対　韻文

12 **口《くち》に出しちゃうと同《おな》じようなことがまた起《お》こる**　ここには、言葉が現実を引き寄せるという考えが表れている。

教134ページ

1 **なんだということになっちゃうかもしれない**　自分の話がみんなの期待に沿わなかったときの予防線を張りながら、最後の場面の恐怖感を効果的に感じさせる伏線となっている。

第二段落　教134ページ3行〜135ページ4行

六〇年代末の学園紛争の頃、僕は大学に進むことを拒否して、何年間か肉体労働をしながら日本中をさまよっていた。そんな放浪の二年めの秋に二ヵ月ほど、新潟の小さな町のある中学校で夜警の仕事をやった。昼間は用務員室で寝て、夜中に全校舎を二回チェックする仕事だ。十八、十九の頃だから、ちっとも怖くなんかなかった。

教134ページ

3 **一連《いちれん》**　関係のあるひとつのつながり。

3 **体制打破《たいせいだは》**　現状の政治や社会の仕組みを打ち破ること。

4 **そんな波《なみ》に呑《の》みこまれた**　学園紛争の体制打破という雰囲気に感化されたということ。

3　**「そういうのが正《ただ》しい生《い》き方《かた》」とは、どういう生き方か。**

答　体制に従うことなく、大学へ行かず、定住せず、肉体労働をしながら移動する生き方。

6 **若気《わかげ》のいたり**　若さの勢いで無分別な行いをしてしまうこと。

7 **それ**　体制打破をうたう時代の波に呑まれ、大学に進むことを拒否し、何年間か肉体労働をしながら日本中をさまよっていたこと。

10 **かなりタフに働《はたら》いた**　とても精力的に働いた。

15 **怖《こわ》いもの知《し》らず**　自信たっぷりで、怖いものが何もないこと。

第三段落　教135ページ6行〜139ページ14行

十月の初めの風の強い夜、午前三時に起きた時、僕はすごく変な気分だった。校舎の見回りの途中で玄関を通り過ぎた時、鏡の中に映っている自分を見る。その鏡に映っている僕は、「僕以外の僕」であり、心の底から僕を憎んでいることが理解できた。僕はしばらく呆然《ぼうぜん》としていた。やがて鏡の中の僕が僕を支配しようとするのを感じ、木刀を投げつけて鏡を割り、部屋に駆けこんで布団をかぶった。

教135ページ

9 **寝込《ねこ》みを襲《おそ》われる**　眠っている間に襲われる。

11 **腕《うで》には自信《じしん》がある**　剣道の腕前に自信があるということ。

12 **今《いま》なら一目散《いちもくさん》に逃《に》げるよ**　十八、九の頃とは違って若くない今は、日本刀の真剣を持った相手と戦う自信が全くないということ。
「一目散に」＝わき目もふらず一心に走る様子。

4 **「それは」という指示語は、どういう役割を果たしているか。**

答　これから始める話に注目させる役割。

14 **どちらかというとむし暑《あつ》いくらいの気候《きこう》だった**　ここから、風の強さとともに不快感のある夜として設定されていることがわかる。

教136ページ

1 **これが風《かぜ》にあおられてばたんばたんとうるさかった**　プールの仕切り戸が壊れているために立つ音。この夜の不気味な感じをかもし出している。

6 **僕《ぼく》はなんだかすごく変《へん》な気《き》がした**　「体が起きようとする僕の意志を押しとどめてるような感じ」（同ページ7行）というように、自分の意志以外の何かを感じていることが暗示されている。

10 **その音《おと》が何《なに》かしらさっきとは違《ちが》う**　前の文の「ばたんばたんていう仕切り戸の音」の変化を感じ取っている表現。

11 **うまく体《からだ》に馴染《なじ》まない**　体が受け付けない。体にしっくりこない。

12 **意《い》を決《けっ》して行《い》くことにした**　行きたくないが、思い切って見回りに行くことにしたということ。
「意《い》を決《けっ》する」＝決心する。覚悟を決める。

17 **戸《と》は頭《あたま》の狂《くる》った人間《にんげん》が首《くび》を振《ふ》ったり肯《うなず》いたりするみたいな感《かん》じ**　不規則で異様な動きをたとえている。

教137ページ

1 **うん、うん、いや、うん、いや、いや、いや……っていった感《かん》じの音《おと》**　「何かしらさっきとは違う」（教136ページ10行）と説明されていたプールの仕切り戸の音が、人間の苦しいつぶやきのような擬人的表現で表されている。「なんだか変なたとえだけど」（教137ページ2行）とも補足されている。

7 **一階《いっかい》の長《なが》い廊下《ろうか》を歩《ある》いて用務員室《ようむいんしつ》に戻《もど》ることになる**　これから起こる怖い体験の舞台となる場所の説明をしている。

5 **「いつもより急《いそ》ぎ足《あし》で廊下《ろうか》を歩《ある》いた」のはなぜか。**

答　三時に時計のベルが鳴った時からすごく変な気がしていて、見回りをするのが気が進まなかったし、意を決して見回りに出たものの、プールの仕切り戸の音が異様に感じられたりしたので、早く用務員室に戻りたいという意識があったから。

15 **そこを通《とお》り過《す》ぎた時《とき》に突然《とつぜん》「あれ！」って感《かん》じがした**　学校の玄関を通り過ぎた時に感じた異様な感触が表現されている。「わきの下がひやっとした」（同ページ16行）とも述べられている。

教138ページ

2 **そこに僕《ぼく》の姿《すがた》が映《うつ》っていただけなんだ**　異様な感触の正体はまだ明らかにはされていない。単に「僕の姿」とだけ表現されている。

6　**「昨日《きのう》の夜《よる》」とは、いつのことをさすか。**

答

昨日の午後九時。「昨日の夜まではそんなところに鏡なんてなかった」とあるので、「昨日の夜」に見回りをした時間、つまり、昨日の午後九時である。

5 **僕《ぼく》はほっとすると同時《どうじ》に馬鹿馬鹿《ばかばか》しくなった**　「僕」は、暗闇の中で何かの姿が見えたような気がしてひやっとし、木刀を握りなおして向きなおった。ところが、見えたものが鏡に映った自分の姿であったことがわかり、安心すると同時に、驚いたことを馬鹿馬鹿しく思ったのである。

10 **急《きゅう》に奇妙《きみょう》なことに気《き》づいた**　煙草《たばこ》を吸って気持ちが落ち着いて、気づいたのであろう。

10 **鏡《かがみ》の中《なか》の像《ぞう》は僕《ぼく》じゃないんだ**　違和感のある「僕」の像は、すぐあとで、「僕以外の僕」「僕がそうあるべきではない形での僕」（同ページ13行）と言い換えられている。

17 **まるでまっ暗《くら》な海《うみ》に浮《う》かんだ固《かた》い氷山《ひょうざん》のような憎《にく》しみ**　「僕」以外の「僕」が「僕」に抱く憎しみを、比喩表現を用いて表している。「まっ暗な海に浮かんだ固い氷山」から、動かし難く底知れぬものである様子が、冷徹なイメージとともに伝わってくる。

教139ページ

2 **呆然《ぼうぜん》として立《た》ちすくんでいた**　あっけにとられ、気が抜けたように立ったまま動けなくなった。

「立ちすくむ」＝驚きや恐怖によって、立ったまま動けなくなる。

3 **我々《われわれ》は同《おな》じようにお互《たが》いの姿《すがた》を眺《なが》めていた**　もともと違いのあるはずのないものを「同じように」、また「我々」と表現することで、現実の「僕」と鏡の中の「僕」が、同じ姿をした異なる存在であることを表している。

3 **僕《ぼく》の体《からだ》は金《かな》しばりになったみたいに動《うご》かなかった**　鏡の中の「僕」が「僕」を憎んでいることに驚き呆然としている様子を表している。

「金しばり」＝体を縛りつけられて動けなくなったように感じること。

5 **やがて奴《やつ》の方《ほう》の手《て》が動《うご》き出《だ》した**　鏡の中の「僕」が主体性を持ち始めたことを表している。

6 **気《き》がつくと僕《ぼく》も同《おな》じことをしていた**　「僕」自身と「鏡の中の像」という関係が逆転していることが、次に続く「まるで僕の方が鏡の中の像であるみたいにさ」という表現からもわかる。

10 **僕《ぼく》は後《あと》も見《み》ずに走《はし》って部屋《へや》に駆《か》けこみ**　「僕」がなりふりかまわず、一目散に逃げ帰る様子を表している。

12 **プールの仕切《しき》り戸《ど》の音《おと》は夜明《よあ》け前《まえ》までつづいた**　「うん、うん、いや、うん、いや、いや、いや」（同ページ13行）といううめき声のような異様な音の支配が夜明けまで続いたことを表している。

第四段落　教139ページ15行～140ページ10行

太陽が昇る頃には、鏡はなくなっていた。鏡はもともとなかったのだ。僕はあの夜味わった恐怖を忘れることができず、人間にとって、自分自身以上に怖いものがこの世にあるだろうかといつも思っている。そして、家には一枚も鏡を置いていない。

教139ページ

15もちろん鏡《かがみ》なんてはじめからなかった　夜明けとともにすべてが消え去るというのは、怖い体験談や不思議な話でのよくあるパターンであることをふまえた表現。

教140ページ

2そこには煙草《たばこ》の吸殻《すいがら》が落《お》ちていた。……でも鏡《かがみ》はなかった　煙草も木刀も落ちていたのに、鏡はなかった。鏡はなくなっているのに、夜の出来事は、実際に起きた出来事らしいとわかる。

5僕《ぼく》が見《み》たのは——ただの僕自身《ぼくじしん》さ　鏡はなかったが、「僕自身」を見たことは否定されないのである。

7人間《にんげん》にとって、自分自身以上《じぶんじしんいじょう》に怖《こわ》いものが……君《きみ》たちはそう思《おも》わないか？　幽霊や虫の知らせなど、ありがちな怖い話の例で始まったこの小説では、一番怖いものは自分自身だと結んでいる。

9この家《いえ》に鏡《かがみ》が一枚《いちまい》もないことに気《き》づいたかな　「僕」はあの夜に味わった恐怖から、今でも鏡を見るのが怖いのだとわかる。

手引き

活動の手引き

一　「僕」が語る体験談の発端となる「中学校の夜警」の仕事と、それ以前の生活とを対比して、両者の相違点とその理由を、時代背景をふまえて説明してみよう。

考え方　時代背景は「六〇年代末の例の一連の紛争の頃でね、なにかといえば体制打破という時代だった」(一三四・3)と説明されている。そんな時代に、「僕」は「大学に進むことを拒否して、何年間か肉体労働をしながら日本中をさまよって」(一三四・4)いた。一方、「中学校の夜警」の仕事は、決められた業務をこなすだけの楽な仕事である。また、警備、教育に関わる仕事であり、以前の時代背景にあった「体制打破」とはむしろ正反対のものだと言える。

解答例　「中学校の夜警」の仕事は、決められた手順で校内を見回るだけの楽な仕事である。一方、以前の「僕」は、大学へ行かず肉体労働に従事していた。前者はまさに社会や秩序、教育を守る体制側の立場であり、「体制打破」の時代に呑まれて生きていた以前の「僕」の立場とは正反対だと言える。

二　「中学校の夜警」の仕事で遭遇した「鏡の中の像」について

1　「僕がそうであるべきではない形での僕」(一三八・13)とはどういうことか、説明してみよう。

2　「心の底から僕を憎んでいる」(一三八・16)と「僕」が考えたのはなぜか、本文を根拠にしながら説明してみよう。

解答例　1　鏡の中の「僕」は、現在の「僕」が抑圧してきた自分の姿であるということ。

2　鏡の中の「僕」は、体制側として実直に生きている現在の「僕」を許すことができないのだと考えたから。

三　体験談を語る前振りとして、「幽霊も出てこないし、超能力もない。」(一三三・17)と「僕」が述べたことをふまえて、「自

分自身以上に怖いものがこの世にあるだろうか」（二四〇・7）と「僕」が主張している理由を、本文を根拠にしながら説明してみよう。

解答例 自分自身の中に普段は押し殺されて気づかない感情を持つことは超常現象などとは関係なく誰にでもあることだが、「僕」が鏡の中の「僕」と出会うことで、安易な生き方を選んだ今の自分に対する憎しみに気づかされた体験は、何よりも怖いものだったから。

四 「この家に鏡が一枚もない」（二四〇・9）とあるが、「鏡」を見ることを回避し続けて暮らす「僕」の生き方についてどのように考えるか、自分自身の経験も交えながら、各自の考えをまとめて発表し合おう。

考え方 「僕」にとって「鏡」を見ることは自分自身と向き合うこと、自らを客観視することである。「僕」は、自分を客観視することを避け、以前のように時代や体制のあり方に疑問を持つこともなく、今の生活に安住している人物だと考えられる。何かに失敗したときや、うまくいかなかったときなどに、自分自身と向き合うことが嫌になった経験は誰もが持っているだろう。つらくても自分自身と向き合うべきだという考えもできるし、今が安定してよい生活が送れていればそれでよいという考えもできるだろう。学校や日常生活での自分自身の経験もふまえ、考えてみよう。

言葉の手引き

一 次のかたかなを漢字に改めよう。

1 人知をチョウエツした力。
2 ヒガタに棲《す》む生物を調査する。
3 企業とのユチャクを避ける。
4 チカクの変動を観測する。

解答 1 超越 2 干潟 3 癒着 4 地殻

二 次のかたかなに共通する漢字を答え、それぞれの熟語中での意味の違いを説明してみよう。

1 カイ中に忍ばせる。／カイ旧の情に駆られる。
2 敵のシュウ撃を受ける。／世シュウ制の職業。

解答例 1 懐。右は、ふところ、の意。左は、なつかしむ、の意。
2 襲。右は、おそう、の意。左は、受け継ぐ、引き継ぐ、の意。

三 「そこには僕がいた。つまり――鏡さ。」（二三八・2）、「僕が見たのは――ただの僕自身さ。」（二四〇・5）のように、間に「――」を挟むことの表現上の効果を説明してみよう。

解答例 「――」のあとの言葉への期待を高め、強調する効果。

四 「まるでまっ暗な海に浮かんだ固い氷山のような」（二三八・17）という比喩は、鏡の中の僕の「憎しみ」を表現するうえで、どのようなイメージを添えているか、説明してみよう。

解答例 「氷山の一角」という言葉があるように、「鏡の中の僕」の、「僕」に対する憎しみは見えている憎しみより深く、また、「まっ暗な」「固い」などの表現から、その憎しみが非常に強いものであるというイメージ。

論理分析

事実と意見

「私作り」とプライバシー

阪本俊生《さかもととしお》

教科書P.144〜147

語句の解説

教144ページ

2 **暴露**《ばくろ》 秘密や悪事が明るみに出ること。それらをあばき出すこと。

2 **憤慨**《ふんがい》 不正や不当なことに対して、ひどく腹を立てること。

4 **売名行為**《ばいめいこうい》 利益や見栄のために、自分の名前を世間に広めようとする行為。

4 **眉**《まゆ》**をひそめる** 心配なときや嫌なときに、眉を寄せること。

4 **プライバシー** 他人に知られたくない、個人の私生活に関すること。それを守る権利。

5 **さらけ出**《だ》**そうとする** 隠すことなく、ありのままにすっかり外にあらわそうとする。

6 **先手**《せんて》**を打**《う》**とうとしている** 物事を相手よりも先に行い、優位な立場に立とうとしている。

6 **詮索**《せんさく》 細かいところまで、さぐり調べること。

7 **出鼻**《でばな》**をくじこう** 物事を始めようとしたところや、勢いに乗って調子づこうとしているところを、やる気をなくすように妨げようとすることを表す。

7 **他人**《たにん》**による勝手**《かって》**な物語**《ものがたり》**化**《か》 マスメディアが「有名人たちの事件や私生活を素材にして、社会に売り込みやすいステレオタイプの物語を作ろうとする」（教145ページ1行）ことをさす。

9 **裁定**《さいてい》**を下**《くだ》**す** 物事の善悪をさばいて決める。ここでは、タレントが私生活をマスメディアに公表することが、「売名行為」か「物語化の阻止」（「他人による勝手な物語化に対する予防措置」）かを判定することをさす。

10 **このようなこと** タレントが私生活を自分からマスメディアに公表すること。

12 **イニシアティブ** 人に先立って提案したり行動したりすること。主導権。

教145ページ

1 **ここ** プライバシーと深く関わっている、誰が「私作り」のイニシアティブを取るかということ。

1 **主導権**《しゅどうけん》 中心となって物事を導く権力。

2 **聖人君子**《せいじんくんし》 知識や徳が優れていて、人々から尊敬される人。

3 **勧善懲悪**《かんぜんちょうあく》 善い行いをすすめ、悪い行いをこらしめること。

3 **清廉潔白**《せいれんけっぱく》 心が清らかで私欲がなく、恥じるところがないこと。

4 **人格的《じんかくてき》**　人柄が優れていて、高い品性を持つ様子。

4 **相容《あいい》れない**　両者の考えや立場が食い違っていて、一緒には成り立たない。

9 **太刀打《たちう》ち**　実力で互角に張り合うこと。

9 **逆手《さかて》に取《と》って**　相手の攻撃を逆に自分の攻撃に利用して。ここでは、マスメディアの情報伝達力を利用することをさす。

12 **核心《かくしん》**　物事の中心となる大切なところ。

14 **自《みずか》らの物語的分身《ものがたりてきぶんしん》が作《つく》られて、社会《しゃかい》を独《ひと》り歩《ある》き始《はじ》める**　マスメディアによって勝手に作られたイメージを「分身」とし、それが「独り歩き」するというように擬人化することで、本人とかけ離れたイメージが広まっていく様子を強調している。

16 **昨今《さっこん》**　近頃。

17 **ウェブサイト**　インターネット上に情報を公開している「ウェブページ」の集まり。「サイト」は、インターネット上で、情報がある場所、という意味。

17 **ブログ**　インターネット上で個人の意見や体験などを公開している日記形式のウェブサイト。

18 **画期的《かっきてき》**　今までになかったこととして、新時代を開くほどにめざましい様子。

教146ページ

8 **その人自身《ひとじしん》の主体的《しゅたいてき》な意思《いし》や選択《せんたく》に委《ゆだ》ねられる**　その人の意思や選択が信用され、それに完全に任せられる。「委ねる」には、すべてをささげる、という意味もある。

9 **プライバシー侵害《しんがい》**　個人の私生活の事実や、これまで公開していなかった事柄が、第三者によって公開され、それによってその個人が不快に感じたときに、プライバシー（権）が侵害されたとみなされ、公開の中止や公開された情報の削除を求めることができる。また、場合によって、相手に損害賠償を請求することもできる。

活動の手引き

一　［　　］に、**本文中の適切な表現を入れよう。**

解答例　【第一段落】●他人による勝手な物語化に対する予防措置

【第二段落】●ステレオタイプの物語を作ろうとする・すさまじい情報伝達力によって、彼らが作った物語的イメージを広めてしまう

【第三段落】●「私作り」のイニシアティブ

二　**第四段落に示された、プライバシーに関する考え方の要旨を、百字以内でまとめよう。**

考え方　第四段落の前半は、「私作り」のイニシアティブについて説明されている。プライバシーに関する筆者の考え方については、後半を簡潔にまとめる。

解答例　プライバシーとは、「自己に関するイメージを自らコントロールする権利」であり、自分に関する情報の流れをコントロールするという消極的な面だけでなく、いかに自分の情報を作っていけるかという積極的な面も含む。

推論

ＡＩは哲学できるか

森《もり》岡《おか》正《まさ》博《ひろ》

教科書P.148〜150

語句の解説

教148ページ

1 **目覚《めざ》ましい**　目が覚めるほどすばらしい。

1 **その波《なみ》**　緻密な思考力や高度な判断力を必要とする分野で、人工知能が人間に勝るようになること。

3 **考《かんが》えることそれ自体《じたい》が……囲碁《いご》や将棋《しょうぎ》と同《おな》じ運命《うんめい》をたどるかもしれない**　哲学の仕事内容である、考えるという行動が、ＡＩが行う記憶・推論・判断・学習などの知的行動に含まれるため、ＡＩに置きかわるのではないか、囲碁や将棋の勝負で人間が人工知能に勝てなくなるように、学者よりも人工知能のほうが優れた研究の成果を上げるようになるのではないかという考えを示している。

6 **カント**　イマヌエル・カント（一七二四〜一八〇四年）。ドイツの哲学者・思想家。

6 **カントふうの思考《しこう》パターン**　カントならどのように考えるかといった思考のしかたや道筋を、いくつかの型に分けて示したもの。

7 **アプリ**　アプリケーション・ソフトウェアの略。コンピュータ上で起動させる、計算やゲームなど特定の目的のために作られたプログラム。

8 **人工知能《じんこうちのう》と哲学者《てつがくしゃ》の幸福《こうふく》な共同作業《きょうどうさぎょう》**　人工知能はカントの思考パターンを発見し、それをもとにカント研究者に質問されたことに答えるという作業を、カント研究者は「人工知能カント」が導き出した答えを分析するという作業をそれぞれ担うことをさす。互いに得意なことができるうえに、それぞれの領域が守られるという点で「幸福」だとしている。

10 **テキスト**　教科書。原典。ここでは、哲学者たちの著した書物の本文のこと。

11 **抽出《ちゅうしゅつ》**　物や要素を抜き出すこと。

11 **およそ**　一般に。

教149ページ

2 **振《ふ》る舞《ま》い**　動作。言動。ここでは、人工知能の働きやその結果をさす。

2 **一種《いっしゅ》の計算機科学《けいさんきかがく》に近《ちか》づく**　「計算機科学」とは、コンピュータの理論・設計・応用について研究する学問。哲学者の仕事が、哲学というより科学に近いものになるということをさす。

3 **根本的《こんぽんてき》**　物事が成り立つ大もととなっている様子。

5 **切実《せつじつ》**　自分の身に直接関係があって、おろそかにしておけない様子。

5 **内発的《ないはってき》**　外部からの刺激によらないで、内部から自然に起こる様子。

10 **人工知能《じんこうちのう》は哲学《てつがく》をしている**　人工知能が、「なぜ私は存在しているのか？」「生きる意味はどこにあるのか？」というような問いを自分自身にとっての切実な問いとして内部から発し、それらについてひたすら考え始めるという状況をさす。

10 **正《ただ》しい意味《いみ》で……到達《とうたつ》した**　人工知能がデータから人間の思考パターンを発見・網羅したり、人間によって設定された問いに解を与えたりするだけではなく、哲学の問いを内発的に発するという人間特有の思考をすることが可能になったときが、「正しい意味」で人工知能が「人間」の次元に到達したときだとしている。

12 **自律的《じりつてき》**　自分で立てた規範に従って動く様子。
対 **他律的《たりつてき》**

12 **普遍的《ふへんてき》**　すべての物事に共通している様子。
対 **特殊《とくしゅ》**

12 **真理《しんり》**　いつの時代でも、誰でもが正しいと認める事実や法則。

12 **人間《にんげん》という類《るい》**　人間に分類される種。
「類」＝同じ種類のもの。似た性質を持つもの。

12 **証《あか》し**　証拠。証明。

13 **取《と》って代《か》わられる**　優位にある人や物が、他の人や物にその地位を占められる。

14 **それ**　自由意志に基づいた自律的活動と、普遍的な法則や真理を発見できる思考能力。

15 **彼《かれ》ら**　人工知能のこと。

16 **この点《てん》**　内発的な哲学の問いが、人間と人工知能とでは異なるという点。

活動の手引き

一　[　] に、**本文中の適切な表現を入れよう。**

解答例　【第二段落】●「人工知能カント」
●「およそ人間が考えそうな哲学的思考パターンのほぼ完全なリスト」
【第三段落】●内発的
【第四段落】●内発的・「人工知能は哲学をしている」

二　**第五段落で示されている、「そのような『知性』観の見直し」の内容を押さえながら、第五段落の要旨を百字以内でまとめよう。**

考え方　「そのような」という指示語は直前の「人工知能が人間の次元に到達するためには、それに加えて、内発的哲学能力が必要だ」という筆者の考えをさしている。この部分にも「それ」という指示語があるので、さらに前の部分を確認すると、「自由意志に基づいた自律的活動と、普遍的な法則や真理を発見できる思考能力」が「知性」を持つ「人間という類の証しであると長らく考えられてきた」ということが述べられている。つまり、これらの従来の「知性」に「内発的哲学能力」が加わって、新たな「知性」になると筆者は考えているのである。

解答例　人工知能が人間の次元に到達するには、自由意志に基づいた自律的活動と、普遍的な法則や真理を発見できる思考能力に加えて、内発的哲学能力が必要である。人間と人工知能の対話は、哲学の新次元を開くことになろう。

5　不均等な時間

内山《うちやま》　節《たかし》

教科書P.152〜159

●学習のねらい

具体的事例から一般論への展開と、対比の構造とを手がかりとして、近代化と時間の合理性との関係を理解する。

●要　旨

伝統的な時間世界では、時間は区切られることなく循環していて、人々の営みもその流れの中にあったが、近代化によって時間が経済価値を生むか否かで分けられ、客観的なものとして管理されるようになると、人々はそれに対応することを求められるようになった。近代社会が作り出した時間世界は、循環する時間世界の中に生きる自然の時間を破壊し、自然の力に頼る一次産業では自己矛盾を起こす。この問題は、私たちが循環する時間世界を再び作り出すか、循環する世界の中での存在の形を創造することでしか解決しない。

●段　落

本文は、内容に従って、四つの段落に分けられる。

一　教P152・1〜P153・5　上野村と隣村の農業形態の差異
二　教P153・6〜P155・2　伝統的な時間世界と近代的な時間世界
三　教P155・3〜P157・11　近代的な時間世界が生み出す問題
四　教P157・12〜P158・8　問題の解決に必要なこと

段落ごとの大意と語句の解説

第一段落　教152ページ1行〜153ページ5行

筆者が上野村の人々と山菜採りに出かけて見た隣村では、山の裾野を開墾して大規模な農地を造成し、大型トラクターを導入して、収益性の高い農業を営んでいた。上野村の人々は感嘆するが、自らの営む伝統的な山村農業を変えようとはしない。

教152ページ

6 **裾野《すその》**　山の麓が緩やかな斜面になって広がっている野。
6 **開墾《かいこん》**　山や荒地などを切り開いて、田畑にすること。
7 **高冷地《こうれいち》**　標高が高く、気温が低い土地。
7 **感嘆《かんたん》の声《こえ》を上《あ》げる**　感動、感心して思わず声を出す。
8 **大百姓《おおびゃくしょう》**　たくさんの田畑を所有している裕福な農家。
11 **称賛《しょうさん》する**　ほめたたえる。「賞賛する」とも書く。

教153ページ

2 **造成《ぞうせい》する**　人手を加えて、人間が使えるものに造り上げる。

3 **その気《き》になれば**　ここでは、開墾しようという気になれば、の意。

第二段落　教153ページ6行〜155ページ2行

　上野村では、伝統的な畑仕事としての農業を行い、人々は季節の循環とともに作物を作り、その作物を利用して暮らしているため、毎年同じ季節を迎えることに価値がある。時間は区切られることなく循環し、その流れの中に人々の営みもある。一方、隣村では、農地を商品の生産工場とした農業経営を行い、労働時間の作り出す経済価値がすべてである。時間は区切られ、客観的なものとして管理され、人々はそれに対応していくことを求められる。上野村の人々が「先進的」で近代化された農業経営をまねしないのは、時間世界の変化が、暮らしや人々の意識、存在を変えてしまうことを知っているからであろう。

教153ページ

7 **営農《えいのう》**　農業を営むこと。

1 **「伝統的《でんとうてき》な畑仕事《はたけしごと》」と「農業経営《のうぎょうけいえい》」の違いは何か。**

答　「伝統的な畑仕事」は、狭い農地で手作業で行う、季節の循環とともに作物を作る農業であり、「農業経営」は、広大な農地で大型の機械を導入して行う、商品として作物を生産する農業であるという違い。

8 **循環《じゅんかん》**　一回りしてもとの所へ返ること。それを繰り返すこと。

11 **投資《とうし》**　利益を見込んで、事業や不動産などに資金を投下すること。

13 **相違《そうい》**　二つの物事が互いに異なること。差異。

教154ページ

2 **「時計《とけい》の刻《きざ》む時間《じかん》が価値《かち》を生《う》む世界《せかい》」とは、具体的にはどういう意味か。**

答　時間が経済価値を生むという考えに基づき、時間が、経済価値を生む労働の時間と、経済価値を生まないその他の時間とに分けられる世界、という意味。

3 **付与《ふよ》**　授けること。

4 **余暇《よか》**　仕事やすべきことの合間の、自分が自由に使える時間。

4 **それ**　時計の刻む時間が価値を生む世界において、経済価値を生まない時間。

10 **時間《じかん》は人間《にんげん》の存在《そんざい》から外化《がいか》する**　人間が、自然の中に流れる伝統的な時間世界から切り離され、客観的な時間への対応を求められるようになることをさす。

「外化」＝「疎外」と同義。人間が作り出した事物や思想などが、逆に人間を支配するような力として現れること。

12 **突《つ》きつけられる**　勢いよく目の前に差し出される。迫られる。

14 **先進的《せんしんてき》**　文化・経済・技術などにおいて、他より発展の度合いが進んでいること。

対 **後進的《こうしんてき》**

15 **転換《てんかん》**　性質・傾向・方針などが今までとは違う方向へ変わること。

3 **「そこに自分《じぶん》たちの存在《そんざい》の形《かたち》がない」とは、どういうことか。**

答 「時計の時間が価値を生む社会」には、季節の循環とともに生きる自分たちの暮らし方を見いだしようがないということ。

第三段落 教155ページ3行～157ページ11行

近代化とは、時間の合理性の確立であり、これは近代的な商品の生産過程の成立によって実現・徹底されたが、矛盾も発生した。一つは自然と時間の間の矛盾である。自然は本来、多様なスケールで循環する時間世界の中に生きているが、近代的な時間世界を貫くために自然を改造しようとして、自然の時間を破壊し、その存在自体を追い詰めた。もう一つは一次産業における矛盾である。一次産業は、自然の営みと人間の営みが重なり合うことで成り立つ産業であったが、商品生産の論理だけが貫かれると両者は対立し、自然の時間が成立できなくなった。

教155ページ

4 **基盤《きばん》** 物事の大もと。土台。

4 **「合理的《ごうりてき》な時間世界《じかんせかい》」は、前に何と表現されていたか。**

答 「時計の刻む時間が価値を生む世界」（教154ページ1行）「時計の時間が価値を生む社会」（教154ページ15行）

7 **等速性《とうそくせい》** 等しい速さで流れる性質。

8 **不可逆性《ふかぎゃくせい》** 逆戻りできない性質。
対 **可逆性《かぎゃくせい》**

8 **措定《そてい》** ある事象や事物を存在するものとして肯定すること。

8 **価値基準《かちきじゅん》** 物事に対する判断を下すとき、また、自分にとっての価値を決めるときの目安となる基準。

9 **それ** 同ページ7行～8行で説明されている四つの要素による時間の合理性の確立。

12 **矛盾《むじゅん》** 論理的に、二つの物事のつじつまが合わないこと。

14 **多様《たよう》な循環《じゅんかん》スケール** 自然にはさまざまなものが循環していて、それぞれ異なる仕組みやきまりがあるということを表している。「スケール」は、ものさしや尺度、規模などの意味。

5 **「彼《かれ》らが作《つく》り出《だ》す時間存在《じかんそんざい》の世界《せかい》」とは対照的な時間のあり方は何か。**

答 近代的な商品の生産過程の成立において、統一的な価値基準を確立させた時間。
「彼ら」＝自然のことをさす。

教156ページ

1 **衰弱《すいじゃく》** 衰え、力をなくして弱ること。

6 **「一《ひと》つの暴力《ぼうりょく》」とは、どういうことか。**

答 近代的な時間世界は、時計の時間とともに価値が増大していくという時間基準に沿うように、一方的に自然を改造しようとして、自然の時間を破壊しているということ。

3 **部面《ぶめん》** 物事をいくつかに分けたうちの一部分。

6 **不均等《ふきんとう》** 二つ以上のものの間に差が生じていること。
対 **均等《きんとう》**

6 **蛇行《だこう》** 蛇がはうように、S字形に曲がりくねって進むこと。

7 **改修《かいしゅう》** 悪い部分を直すこと。

10 **同《おな》じ問題《もんだい》** 社会が近代化するにつれ、近代的な時間世界によって自然の時間が破壊され、自然の存在が追い詰められるという問題。

10 **一次産業《いちじさんぎょう》** 農業・林業・水産業など、自然界に対してはたらきかけ、生活の基礎を支える生産を行う事業。第一次産業。

17 **介在《かいざい》** 間に挟まって存在すること。

教157ページ

3 **調和《ちょうわ》** 二つ以上の物事が、矛盾や衝突がなく、互いに釣り合っていること。

対 **不調和《ふちょうわ》**

5 **重層的《じゅうそうてき》** いくつもの層になって重なっている様子。

7 **純化《じゅんか》** ここでは、複雑なものを単純にすること、の意。混じり気をなくし、純粋なものにすること、という意味もある。

7 **「縦軸《たてじく》の時間《じかん》」と対立するのは、どのような時間か。**

答 自然それ自体が作り出した時間や、その時間と調和していた伝統的な農山村の時間。

第四段落 教157ページ12行〜158ページ8行

他者の存在を保障するには、その時間世界を壊さないことが必要である。自然の力に頼る一次産業では、商品の生産過程の合理性を確立しようとすればするほど自然の時間が壊され、自然の存在や生命力が低下し、産業そのものが行き詰まってしまう。この問題の解決には、私たちが循環する時間世界を再び作り出すか、循環する世界の中での存在の形を創造するしかない。

教157ページ

13 **自己《じこ》の時間世界《じかんせかい》の中《なか》に他者《たしゃ》を包《つつ》み込《こ》もうとすれば** 自分たちの生きる世界に、異なる時間の流れに生きている他者を取り込もうとすれば。ここでは、人間が自然を思うように扱おうとすることを表している。

15 **遂《と》げて** やり終えて。目的を果たして。

「遂げる」には、最後にそういう結果になる、という意味もある。

15 **この問題《もんだい》** 一次産業の中に時計の時間が導入されることで、人間の営みと自然の営みの不調和が増大し、自然の時間の成立が許されなくなるように、他者への支配が起こるという問題のこと。

教158ページ

2 **そうなればなるほど** 一次産業に商品の生産過程の持つ合理性を確立しようとすることで、自然の時間が壊されたり、自然の時間も商品生産の時間に支配されるようになったりすればするほど。

4 **壁《かべ》に突《つ》き当《あ》たって** 障害により行き詰まって。

5 **破綻《はたん》** 破れ綻びるように、物事がうまくいかなくなること。

手引き

学習の手引き

一 **一行空きで区切られた前半部と後半部の関係を説明してみよう。**

解答例 前半部では、上野村と隣村の農業を具体例として取り上げながら、伝統的な畑仕事における時間世界と近代的な農業経営における時間世界の違いを説明している。

後半部では、前半部の具体例を受けて一般化し、近代的な時間世界では時間の合理性が確立されたが、そのような時間のあり方が問題を抱えていることを指摘している。

二　前半部について、次のことを説明してみよう。

1　上野村とその隣村を話題とした導入部において、筆者が注目したことは何か。

2　筆者が考える上野村と隣村との違い（時間という観点で捉えた、農業および生活の違い）は何か。

3　右の1で捉えた着眼点に対して、筆者はどのように考えているか。

解答例　1　上野村の人たちが、自分たちのような伝統的な農業とは異なった、隣村の新しい農業に毎年同じように感嘆するのに、少しもまねしようとはしないこと。

2　上野村では、農業の時間は生活の時間と同じ流れの中にあり、ともに季節の循環の中に組み込まれているが、隣村では、農業の時間は経済価値を生む時間、それ以外の生活の時間は経済価値を生まない時間として、時計の時間によって区切られ、管理されているということ。

3　上野村の人たちが隣村の先進的で近代化された農業経営をまねしようとしないのは、隣村のような時計の時間が価値を生む社会への転換が、山村の暮らしや人々の意識のすべてを変えてしまうことや、そこでは自分たちの暮らし方を見いだせないことを知っているからであろうと考えている。

三　後半部について、次のことを説明してみよう。

1　近代化と時間の合理性との関係はどういうものか。

2　時間の合理性がもたらす「矛盾」とはどういうものか。

3　右の「矛盾」が一次産業で「自己矛盾」につながるのは、どういう因果関係によるのか。

考え方　1　「近代化とは時間の合理性を確立することだ」（一五五・3）とある。また、「時間の合理性の確立」の実現を最も徹底させたものは「近代的な商品の生産過程の成立であった」（一五五・10）とあることにも注目する。

2　時間の合理性の確立によって、「自然と時間の間の矛盾」（一五五・13）が発生したとある。時間の合理性は自然の生きている時間世界にはそぐわないにもかかわらず、自然に対してもこれを確立させようとして、自然を追い詰めているのである。

3　因果関係とは、一方が原因となり、その結果として他方が引き起こされるという関係。時間の合理性を追求して自然を壊してしまうと、自然に頼る一次産業では、産業自体が立ち行かなくなるという関係を押さえる。

解答例　1　近代化とはすなわち時間の合理性を確立することであり、近代的な商品の生産過程の成立によって、それが徹底された、というもの。

2　自然は多様なスケールで循環する時間世界に生きているのに、時間を統一的な価値基準のもとで流れ続けるものとする合理性を自然に対しても確立させようとして、自然の時間世界を壊し、自然の

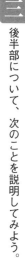

存在自体を危うくさせてしまうというもの。

3　自然の力に頼る一次産業に商品の生産過程の持つ合理性を確立しようとすると、自然の時間が壊され、自然の存在や自然の生命力が低下し、一次産業そのものが壁に突き当たってしまうという関係。

活動の手引き

一　本文の結びで示された提案と、『「生きもの」として生きる』で示された提案とを関連させて、「自然と私たちの生活」をテーマに、今後の社会に求められることを意見文にまとめて発表し合おう。

考え方　本文の結びで示された提案とは、「循環する時間世界を再び作り出す、あるいは循環する世界の中での存在の形を創造する」というもの。『「生きもの」として生きる』で示された提案とは、自分の「生きものとしての感覚」を活用する生き方をするというもの。「循環する時間世界」について考えるためには、自然について知ることが欠かせないだろう。農業体験、林業体験、漁業体験などの自然体験という形や、自然に関わる産業に従事する人の声をメディアを通して知るといった小さな形でもよいので、自然の中に流れる、合理的な時間世界とは別の時間について身近に感じてみるとよい。そうすることで自分の「生きもの」としての感覚も呼び覚まされ、想像力もさらに膨らんでくると考えられる。

言葉の手引き

一　次の同音異義語を漢字に改めよう。

1　｛人々からのショウサンを受ける。
　　ショウサンのない戦い。

2　｛商品の生産カテイ。
　　中学校のカテイを修了する。

3　｛国民の生活をホショウする。
　　身元をホショウする。
　　損害をホショウする。

解答　1　称賛（賞賛）・勝算　2　過程・課程
3　保障・保証・補償

二　次の語の意味を調べよう。

1　循環（一五三・8）　2　外化（一五四・11）
3　等速性（一五五・7）　4　不可逆性（一五五・8）
5　措定（一五五・8）　6　不均等（一五六・6）
7　純化（一五七・7）

解答例　省略（「語句の解説」を参照）

三　「この村の人たちは偉いものだ。」（一五二・10）の「偉い」の意味を調べ、文脈に即した意味を説明してみよう。

考え方　「偉い」には、①人柄や行いが優れている、②身分や地位が高い、③程度がはなはだしい、などの意味がある。ここでは①の意味。

解答例　この村の人たちは、山の裾野を開墾して広大な農地を造成し、大型の機械を導入して、農業経営によって多くの収入を得ている点で普通よりも優れている、という意味。

ロビンソン的人間と自然

村岡《むらおか》晋一《しんいち》

教科書P.161〜167

●学習のねらい

「ロビンソン・クルーソー」を例として取り上げた筆者の意図を理解したうえで、主張を把握する。

●要　旨

今日、自然と文化の関係のあり方の問い直しが求められている。人間による生態系の破壊の発端と考えられる、近代ヨーロッパでの資本主義という経済体制における人間の行動様式の特徴が、小説『ロビンソン・クルーソー』に見て取れる。資材を合理的に配分し、合理的に時間を計算して労働し、財産を増やそうとするロビンソンのような人間が資本主義には不可欠で、必要最小限の労働だけしようとする人間には向かない。しかし、資本主義体制から離れれば、どちらの生活観が「合理的」かは決められず、何を重視するかはそれぞれである。自然と文化の関係を問い直すには、近代ヨーロッパ的人間の生活形態だけでなく、さまざまな生活形態にも目を配り、真に必要な、生きるに値する人間的生活を検討すべきである。

●段　落

本文は、内容に従って、五つの段落に分けられる。

一　教P161・1〜P162・2　自然と文化の関係を問い直すために
二　教P162・3〜P163・12　ロビンソン型の行動様式
三　教P163・13〜P164・14　資本主義に不可欠な人間
四　教P164・15〜P165・8　さまざまな生活観
五　教P165・9〜P166・6　求められる人間的生活とは

段落ごとの大意と語句の解説

第一段落　教161ページ1行〜162ページ2行

今日、「人間における自然と文化」の関係のありようを問い直すことが要求されている。急激な経済発展と人口増加に伴う大規模な「生態系」の破壊が開始された時期は、資本主義という経済体制が登場した時期と重なる。この経済体制の前提となっている人間の自然に対する態度の特徴を明らかにするために、『ロビンソン・クルーソー』という小説が役に立つ。

教161ページ

4 **起源《きげん》**　物事の起こり。始まり。

8 **前提《ぜんてい》されている**　条件としてあるべきものとされている。

1　『ロビンソン・クルーソー』を取り上げたねらいは何か。

答　この小説に描かれている、イギリスで生まれつつあった資本主義という経済体制の担い手である中産階級の人々の特徴的な行動様式を捉えることで、この経済体制の前提となる人間の自然に対する態度の特徴を明らかにすること。

11 **中産階級**《ちゅうさんかいきゅう》　ここでは、資本主義の担い手である労働者全体をさす。

教162ページ

1 **単純**《たんじゅん》**化**《か》　込み入ったものを簡単にすること。

第二段落　教162ページ3行～163ページ12行

ロビンソン・クルーソーは、難破した船に残された小麦と、島で捕らえた山羊《やぎ》を元手に、「明日の自分の生活が計算できる」ようにしようと考えた。将来の生活の必要を予想して、自分に残された資材を合理的に配分し、正確な暦と日時計を作り、合理的に時間を計算して労働することで、自分の持てるものを殖やそうとした。そうしたことに価値を見いだす人間だった。

教162ページ

3 **難破**《なんぱ》　暴風雨などで船が破損・座礁・沈没などをすること。

4 **漂着**《ひょうちゃく》　ただよい流れて岸に着くこと。

5 **資材**《しざい》　物を作るための材料。

2

「小麦《こむぎ》」と「山羊《やぎ》」は、「資本主義《しほんしゅぎ》という経済体制《けいざいたいせい》」における何に相当するか。

答

資本家が経済活動をするためのもととなる資本。

9 **すぐこの考**《かんが》**えを改**《あらた》**めて**　ロビンソンが目の前の享楽よりも、明日の保証を選択したことを意味している。

教163ページ

3

「正確《せいかく》な暦《こよみ》と日時計《ひどけい》を作《つく》り、合理的《ごうりてき》に時間《じかん》を計算《けいさん》してい」く目的は何か。

答

合理的な計算のもとに労働して、無駄なく効率的に余剰を生み出し、自分の持てるものを殖やすため。

8 **損益計算**《そんえきけいさん》　収益と費用を計算すること。

10 **余剰**《よじょう》　必要な分を差し引いた残り。

第三段落　教163ページ13行～164ページ14行

資本主義には、ロビンソンのような「働き人間」が不可欠である。同じ時間で二倍の報酬を約束し生産量を二倍にするよう要求すれば、ロビンソン型の人間は不合理と思わず、労働への関心を高めるが、伝統的な考え方をする労働者は、これまでと同じ報酬を得てこれまでと同じ必要を満たすには、どれだけの労働をすれば足りるかと考えるので、資本主義には適さない。

教163ページ

4

「働《はたら》き人間《にんげん》」と言い換えた意図は何か。

答

ロビンソンが享楽よりも財産を増やすことを目的に働くタイプの人間であることを強調するため。

15 **不可欠**《ふかけつ》　なくてはならないこと。欠かせないもの。

教164ページ

5

「ロビンソン・クルーソーの遠《とお》い子孫《しそん》である私《わたし》たちであれば」という表現をした意図は何か。

答

現代に生きる「私たち」を、報酬のために労働への意欲を高めるロビンソン型の人間として位置づけるため。

7 **伝統的《でんとうてき》な考《かんが》え方《かた》をする労働者《ろうどうしゃ》**　できるだけ多くの労働をして多くの報酬を得ようとするのではなく、同じ報酬を得られるなら、なるべく働かず、必要最小限の労働だけしようとする人々のこと。

6　「こうした点《てん》」のさす内容は何か。

答　中東やアフリカの労働者が、必要最小限の労働だけしようと考えるタイプの人々だった点。

第四段落　教164ページ15行～165ページ8行
資本主義的経済体制の外では、明日の必要のために多くの労働を義務とする生活観と、必要に応じて働き、後の時間は生活を楽しむという生活観のどちらが「合理的」かは、すぐには決められない。中には、気前の良さに最も高い評価を置き、すべてを蕩尽《とうじん》しつくすまで贈答合戦を行う民族もある。

教164ページ
16 **過労死《かろうし》**　長時間労働などによる過労で急死すること。

教165ページ
3 **対極《たいきょく》**　対立する極。反対側の最も遠い地点。

7　「『ポトラッチ』という風習《ふうしゅう》」のどういう点が、「ロビンソン的生活観《てきせいかつかん》の対極《たいきょく》に位置《いち》する」のか。

答　財産を増やすことを義務と考えるロビンソン的生活観に対して、気前の良さに最も高い評価を置いて、より高価なものを相手に贈ろうとする点。

「風習」＝その土地や国に伝わる生活や行事などの習わし。

6 **蕩尽《とうじん》**　財産などを使い果たすこと。

7 **贈答合戦《ぞうとうがっせん》**　双方が戦い合うように贈り物と返礼を繰り返すこと。
8 **面前《めんぜん》**　目の前。見ている前。

第五段落　教165ページ9行～166ページ6行
全地球規模での自然破壊を引き起こしたロビンソン的人間は、自分も自然の中に生きる一員だということを忘れ、自然に過重な負担をかけてしまったと言える。自然と文化の関係を問い直すには、近代ヨーロッパ的人間の生活形態だけでなく、さまざまな生活形態にも目を配り、人間にとって真に必要なものは何か、真に生きるに値する人間的な生活とはいかなる生活かを検討すべきである。

教165ページ
10 **ヨーロッパという限《かぎ》られた地域《ちいき》**　「全地球規模での自然破壊」と対比することで、その原因となる人間の行動様式が、ごく一部の限られたものにすぎないということを印象づけている。
16 **過重《かじゅう》な負担《ふたん》**　人間が自然に対してかけている負担が許容量を超えていることを示している。

教166ページ

8　「近代《きんだい》ヨーロッパ的人間《てきにんげん》の生活形態《せいかつけいたい》」とは、どういうものか。

答　自然を自らの合理的な計算と設計によって管理し支配しようとすることで、自分も自然の中に生きる一員であることを忘れてほかの生物や環境との協調関係を乱しただけでなく、ひたすらな財の増殖を義務と見なしてそれにのみ価値を置くことで、自然に対して過重な負担をかけたというもの。

4 **人間《にんげん》のさまざまな生活形態《せいかつけいたい》にも目《め》を配《くば》り**　時間的、空間的に広い視野を持つべきことを述べている。

5 **素朴《そぼく》**　考え方が単純である様子。

6 **可能《かのう》な選択肢《せんたくし》を提供《ていきょう》してやる**　「人間にとって真に必要なものとは何か、真に生きるに値する人間的な生活とはいかなる生活か」という問題の答えに「近代ヨーロッパ的人間の生活形態」だけではない可能な選択肢を示す、ということ。

手引き

学習の手引き

一　本文の構成を、序論・本論・結論の三段落に分け、さらに本論部分を三つのまとまりに分けよう。

解答例　省略(「段落」を参照)

二　序論部分に書かれている、この文章の目的を簡潔にまとめよう。

解答例　「人間における自然と文化」の関係のありようをもう一度問い直すこと。

三　本論部分の内容を、次の項目に沿って整理してみよう。

1　『ロビンソン・クルーソー』に見られる資本主義の特徴は何か。

2　1であげられた特徴にどのような問題点があるのか。

3　2であげられた問題点に対して、筆者はどのように考えているか。

解答例　1　将来の生活を合理的に設計し、資材を合理的に配分して、合理的な時間計算のもとに労働することで、利益を生み出し、財産を増やそうとするというもの。

2　ロビンソンのように、できるだけ多くの労働をして多くの報酬を得ようとする人間が不可欠であり、同じ報酬であればなるべく働かないようにすることを考える人間には適用できないという問題点。

3　資本主義的経済体制から離れれば、明日の必要のために過酷な労働をいとわない生活観と、必要に応じて働き、後の時間を楽しもうとする生活観は、どちらが「合理的」かすぐには決められない。

四　結論部分で述べられている内容の要旨を、序論で示されたこの文章の目的に沿ってまとめよう。

解答例　「人間における自然と文化」の関係のありようを問い直すには、自然を自らの合理的な計算と設計によって管理し支配しようとする近代ヨーロッパ的人間の生活形態だけでなく、ほかの地域の、あるいは歴史上営まれたさまざまな生活形態にも目を配り、人間に真に必要な、真に生きるに値する人間的生活を検討すべきである。

活動の手引き

一　筆者が述べる二種の「生活観」についての「合理的」判断を各自で行い、考えを文章にまとめて発表し合おう。

考え方　多くの労働をして多くの報酬を得ようとするロビンソン型の生活観は、蓄えを増やして生活を安定させることができるが、多くの時間を労働に費やすことになる。対して、必要に応じて働き、後の時間は生活を楽しむような生活観は、趣味やレジャーなどを楽しめる自由な時間が増えるが、生活が不安定になるリスクがある。現実的にはどちらか一方を選択するというよりも、いろいろな生き方を考え、工夫することで、バランスを取りながら生活していくことが可能であろう。

二　「正確な暦と日時計を作り、合理的に時間を計算していきます。」(一六三・6)というあり方を、『不均等な時間』と比較し、「経済価値」という観点から時間を捉えた場合の両者の共通点を説明してみよう。

考え方　ロビンソンが作り出した「合理的」な労働時間は、『不均等な時間』の「経済価値を生む時間」、つまり、「近代社会が作り出した時間世界」と重なっている。ロビンソン的人間が、自分も自然の中に生きる一員であることを忘れ、自然破壊を引き起こしているように、「近代社会が作り出した時間世界」は「自然の時間」を破壊し、「自然の生命力」を低下させている点に着目しよう。

言葉の手引き

一　次のかたかなを、傍線部の字の違いに注意して、漢字で書き分けよう。

1 生態系をハカイする。／カイコ趣味に浸る。
2 小麦をシュウカクする。／山羊をホカクする。
3 ヨジョウ在庫を抱える。／ソウジョウ効果。
4 仕事のホウシュウを受け取る。／シュウアクな姿をさらす。
5 財産をカンリする。／ケイサツカンになる。

解答　1 破壊・懐古　2 収穫・捕獲　3 余剰・相乗
4 報酬・醜悪　5 管理・警察官

二　次の語句の意味を調べ、それぞれを使って短文を作ろう。

1 担い手(一六二・11)
2 取って返す(一六三・4)
3 常套手段(一六四・1)
4 けた外れ(一六四・1)
5 手持ち(一六五・7)

解答例　1 意味…中心になって物事を支え、推し進める人。
短文…新しい文化の担い手として期待される。
2 意味…途中でもとの場所に引き返すこと。
短文…登校の途中で忘れ物に気づき、自宅に取って返す。
3 意味…いつもきまって使う手段のこと。
短文…質問に質問で返し答えをはぐらかすのは彼の常套手段だ。
4 意味…程度や規模が他と大きく違っていること。
短文…この公園はけた外れの広さだ。
5 意味…現在持っていること。
短文…手持ちのお金から寄付をする。

城の崎にて

志賀直哉《しがなおや》

教科書P.169〜179

●学習のねらい

三つの小動物の死と関連して心境が語られる構成を読み取り、作中に示された死生観について考えを深める。

●主題

山の手線の事故でけがをした「自分」は、養生《ようじょう》に出かけた城崎《きのさき》温泉で、三つの生き物の死に遭遇した。静かに土にかえる蜂、必死に生きようとするねずみ、偶然死んでしまったいもりの死を通して自身の生と死を顧みると、生と死は両極なのではなく、連続したものであることを「自分」は感じた。

●段落

前書き（城崎温泉に来た理由）、城崎温泉での生活と心境、蜂の死、ねずみの死、いもりの死、後書き、の六つの段落に分けられる。

一　教P169・1〜P169・5　城崎温泉に来た理由
二　教P169・6〜P170・16　死への親しみを感じる「自分」
三　教P171・1〜P172・16　蜂の死に接した「自分」
四　教P173・1〜P175・10　死にぎわにもがくねずみと「自分」
五　教P175・11〜P178・8　いもりの偶然の死と「自分」
六　教P178・9〜P178・10　その後の「自分」の状況

段落ごとの大意と語句の解説

第一段落　教169ページ1行〜169ページ5行

山の手線の電車に跳ね飛ばされてけがをして、その背中の傷の後養生のために、一人で但馬《たじま》の城崎温泉へ出かけた。城崎温泉には三週間以上、我慢できたら五週間くらいいたいものだと考えて来た。

教169ページ

1　最初の段落には、どのような情報が示されているか。

答　城崎温泉に来た理由、「自分」の状況といった、この小説の前提となる情報。

1 **但馬《たじま》の城崎温泉《きのさきおんせん》**　作者である志賀直哉は、実際に山手線で事故に遭った後、城崎を訪れている。
2 **致命傷《ちめいしょう》**　生命に関わるような重い傷。
2 **なりかねない**　なるかもしれない。
「……かねない」＝……しそうだ。……するかもしれない。
3 **二《に》、三年《さんねん》で出《で》なければ**　二、三年で脊椎カリエスの症状が出なければ。

3 **要心《ようじん》は肝心《かんじん》だから**　体に注意することがいちばん大切だから。「要心」は現代では「用心」と書くことが多い。また、「肝心」は「肝腎」とも書く(肝臓も腎臓も大切なものである、ということから)。

第二段落　教169ページ6行〜170ページ16行

頭ははっきりしないが、気候もよく、落ち着いたいい気持ちがしていた。一人きりで誰も話し相手はない。読むか書くか、ぼんやり外を眺めるか、散歩をして暮らした。自分はよくけがのことを考えた。一つ間違えば、今ごろは青山の土の下にあお向けになって寝ているところだった。そのことを思うと寂しいが、それほど恐怖は感じなかった。妙に自分の心は静まり、何かしら死に対する親しみが起こっていた。

教169ページ

7 **稲《いね》の取《と》り入《い》れの始《はじ》まるころ**　季節が秋であるということがわかる表現。直哉は一九一三年(大正二年)一〇月一八日に城崎温泉に来ている。

9 **一人《ひと》きりで誰《だれ》も話《はな》し相手《あいて》はない**　孤独ではあるが、同時に自分自身を見つめる時間ができたことを示している。

10 **往来《おうらい》**　ここでは、道路、街道、の意。

11 **山《やま》の裾《すそ》**　山のふもと。

教170ページ

3 **冷《ひ》え冷《び》えとした夕方《ゆうがた》、寂《さび》しい秋《あき》の山峡《さんきょう》を……やはり沈《しず》んだことが多《おお》かった。寂《さび》しい考《かんが》えだった**　一人であるためだけでなく、秋という季節や夕方の冷気のために、自然と寂しく沈んだことを考えがちになる、ということ。

「山峡」＝山と山との間。

3 **小《ちい》さい清《きよ》い流《なが》れについていくとき**　澄んだ小川に沿って散歩をするとき。

4 **沈《しず》んだこと**　ここでは、気持ちが晴れ晴れとせず、落ち込んでしまうようなこと、の意。

4 **寂《さび》しい考《かんが》え**　山の手線に跳ね飛ばされた事故で、一つ間違えば、今ごろは死んでいただろうという考え。すぐあとに「一つ間違えば、……——こんなことが思い浮かぶ」(同ページ5行〜8行)と具体的に述べられている。

5 **それには静《しず》かないい気持《きも》ちがある**　「それ」は寂しい考え。あとにある「死に対する親しみ」に通じる感覚である。

5 **けがのこと**　山の手線に跳ね飛ばされて負った、致命傷になりかねなかったけがのこと。

5 **一《ひと》つ間違《まちが》えば、今《いま》ごろは青山《あおやま》の土《つち》の下《した》にあお向《む》けになって寝《ね》ているところだった**　「一つ」は、ほんの少しの意。あと少しで死ぬところだった、ということを言っている。青山墓地には志賀家の墓がある。

7 **青《あお》い冷《つめ》たい……傷《きず》もそのままで**　主語は「自分」。前の文と倒置の関係である。

7 **祖父《そふ》や母《はは》の死骸《しがい》が脇《わき》にある**　直哉の母は、直哉が中学に進んだ明治二八年に死んでいる。祖父は明治三九年死去。

8 **もうお互《たが》いに何《なん》の交渉《こうしょう》もなく**　祖父や母の脇に埋葬されているのだが、死んでいるので何らの交渉もないということ。

9 **いつかはそうなる**　いつかは死んで墓に入る、というような意。

11 **しかし今《いま》は、それが本当《ほんとう》にいつか知《し》れないような気《き》がしてきた**　以前は死ぬのは遠い将来のことだと考えていたが、今は「いつか」は本当にわからない、明日死ぬのかもしれない、という気がしてきた、ということ。

13 **そう思《おも》うこと**　「自分」は死ぬはずだったのを助かった、何かが「自分」を殺さなかった、「自分」にはしなければならぬ仕事があるのだ、と思うこと。

13 **中学《ちゅうがく》**　旧制中学校のこと。直哉は学習院《がくしゅういん》中等科に通っていた。

14 **激励《げきれい》される**　はげまされる。元気づけられる。

14 **そういうふうに**　クライヴが、自分は死ぬはずだったのを助かった、何かが自分を殺さなかった、自分にはしなければならぬ仕事があるのだ、と思ったように。

14 **危《あや》うかった出来事《できごと》**　電車事故で危険な目に遭ったことをさす。

15 **何《なに》かしら**　それが何であるかはわからないが。

第三段落　教171ページ1行～172ページ16行

ある朝、一匹の蜂が玄関の屋根で死んでいるのを見つけた。ほかの蜂は死んだ蜂に全く拘泥せず忙しく立ち働いていて、いかにも生きているものという感じを与え、死んだ蜂は一つ所に全く動かずに転がっていて、いかにも死んだものという感じを与えて、寂しかった。全く動かない蜂は静かである。自分はその静かさに親しみを感じた。自分は以前、范《はん》という中国人が嫉妬から妻を殺す『范の犯罪』という短編小説を、范の気持ちを主にして書いたが、今は范の妻の気持ちを主にし、殺されて墓の下にいる、その静かさを書きたいと思った。

教171ページ

2 **縁《えん》**　縁側。

4 **あわい**　あいだ。ここでは、物と物との間、の意。

8 **欄干《らんかん》**　橋や廊下などのへりに設ける柵。ここでは、「自分」が滞在している二階の部屋の手すりのこと。

10 **ほかの蜂《はち》はいっこうに冷淡《れいたん》だった**　仲間の蜂が死んでいるにもかかわらず、ほかの蜂たちはまるで気にもとめない様子で働いている光景を見て、「自分」は、ほかの蜂たちを「冷淡」に感じたのである。「自分」がこのとき、働いている蜂でなく死んだ蜂に共感していることを示す表現。

「冷淡」＝物事に興味・関心を見せなかったり、同情心を持たなかったりする様子。

11 **拘泥《こうでい》**　こだわること。

12 **いかにも生《い》きているものという感《かん》じ**　忙しく立ち働いている蜂は当然生きているが、もう少しで死ぬような事故を経験した「自分」は、蜂の忙しく活動する姿から、あらためて命あるものの生のエネルギーを感じたのだと考えられる。

12 **朝《あさ》も昼《ひる》も夕《ゆう》も、見るたびに**　「自分」が死んだ蜂のことを気にして、何度も見ていたことがわかる。

14 **そのまま**　玄関の屋根の一つ所に全くうつ向きに転がっているまま。

15 **それは見《み》ていて、いかにも静《しず》かな感《かん》じを与《あた》えた。寂《さび》しかった**　「それ」は、三日ほどそのままになっている蜂の死骸。「自分」は死に対して静かさと同時に寂しさを感じているが、このことは直後の二文の「……冷たい瓦の上に一つ残った死骸を見ることは寂しかった。しかし、それはいかにも静かだった。」にも表れている。

教172ページ

1**それ**　冷たい瓦の上に一つ残った蜂の死骸。

3**そこ**　屋根の瓦の上。

2　**「次《つぎ》の変化《へんか》」とあるが、前の「変化《へんか》」は何か。**

答　夜の間に降ったひどい雨。

6**そこ**　最初の変化(ひどい雨)によって流されたどこかの場所。

7**それにしろ、それはいかにも静《しず》かであった**　蜂の死骸がありに引かれていくにしろ、蜂の死骸は非常に静かだった、の意。

8**自分《じぶん》はその静《しず》かさに親《した》しみを感《かん》じた**　教170ページ15行の「自分の心には、何かしら死に対する親しみが起こっていた。」と同じ心境。

10**嫉妬《しっと》**　ここでは、自分の愛する人がほかに愛情を向けることを恨んだり憎んだりする感情、の意。やきもち。

11**助長《じょちょう》**　ここでは、悪い傾向をさらに強めること、の意。

12**范《はん》の妻《つま》の気持《きも》ちを主《しゅ》にし、しまいに殺《ころ》されて墓《はか》の下《した》にいる、その静《しず》かさを自分《じぶん》は書《か》きたい**　このように思ったのは、死んだ范の妻と、「青山の土の下」で死骸として寝ていたかもしれなかった「自分」とを重ね合わせていたためだろう。

14**そんな要求《ようきゅう》**　「殺されたる范の妻」を書きたいという要求。「要求」は、ここでは「欲求」と同じ意。

15**長編《ちょうへん》の主人公《しゅじんこう》の考《かんが》え……気持《きも》ちだったので弱《よわ》った**　一九二一年(大正一〇年)から発表された小説『暗夜行路《あんやこうろ》』の主人公、時任謙《ときとうけん》作《さく》の考え。苦しみながらも数々の困難を乗り越えて生きようとする時任謙作と、死の静かさに親しみを感じているこのときの「自分」の心境とは対極だったため、「弱った」のである。

第四段落　教173ページ1行〜175ページ10行

ある午前、散歩に出ると、七寸ばかりの魚串を首に刺して川へ投げ込まれたねずみに向かって、子供や車夫が石を投げていた。どうかして助かろうと一生懸命に逃げるねずみを見た自分は、ねずみの最期を見る気がせず、寂しい嫌な気持ちになった。死後の静寂に到達するまでのあのような苦しみは恐ろしいと思ったが、けがをしたとき、自分もあのねずみと同じように、できるだけのことをしようとしたことを思い出した。

教173ページ

1**眼界《がんかい》**　ここでは、目に見える範囲、視界、の意。

5**一生懸命《いっしょうけんめい》**　「一所懸命」とも言う。

6**首《くび》の所《ところ》に七寸《ななすん》ばかりの魚串《うおぐし》が刺《さ》し通《とお》してあった**　誰かがねずみを殺そうとして魚串を刺したのであろう。

「七寸」＝約二十一センチメートル。一寸は約三・〇三センチメートル。

8**車夫《しゃふ》**　人力車を引く職業の人。

10**しかし入《はい》ろうとすると魚串《うおぐし》がすぐにつかえた**　ねずみの頭の上と喉の下に三寸ほどずつ魚串が出ているので、それが邪魔になって石垣に這《は》い上がれない様子であることがわかる。「つかえた」は、ここでは、物が妨げとなって進めない状態になった、の意。

3 **「動作《どうさ》の表情《ひょうじょう》」とは、何のことか。**

答 ねずみがどうかして助かろうとして動く様子。ねずみが一生懸命に泳いで逃げようとして、石垣へ這い上がろうとする動作。「表情」は、一般には顔に表れる感情や様子を言うことが多いが、身体や身ぶりに表れる感情や様子のことも言う。

14 **あさっていた** 餌や獲物を探し求めていた。

16 **あひるは頓狂《とんきょう》な顔《かお》をして首《くび》を伸《の》ばしたまま、……泳《およ》いでいった** あひるは生の象徴として、死から必死に逃れようとするねずみと対比的に描かれている。

「頓狂」＝突然、その状況に合わないような調子外れのことを言ったり行ったりすること。

教174ページ

1 **自分《じぶん》はねずみの最期《さいご》を見《み》る気《き》がしなかった** 死にゆくねずみの様子に、電車に跳ね飛ばされた自分を重ねたのであろう。

「最期」＝死にぎわ。末期《まつご》。一般的な物事の終わりを表す「最後」と区別する。

2 **死《し》ぬに決《き》まった運命《うんめい》** 七寸もの魚串が首を貫通した状態で川に投げ込まれたのだから、たとえ石が当たらず石垣に這い上がれたとしても、いずれは死んでしまうだろう、ということ。

3 **頭《あたま》についた** ここでは、強く感じられた、頭から離れなくなった、の意。

3 **自分《じぶん》は寂《さび》しい嫌《いや》な気持《きも》ちになった** 「自分」は、蜂の死骸を見て静かな死に親しみを感じていたが、死を前にして逃げようと必死にもがくねずみの姿を見て、同ページ5行「死に到達するまでのああいう動騒は恐ろしい」と感じたのである。

4 **「あれが本当《ほんとう》なのだ」とは、何をさして言ったものか。**

答 これまで自分や蜂の死について考えて「静かだ」と思っていたが、本当は死の直前には生きようとする動騒があること。

5 **死後《しご》の静寂《せいじゃく》に親《した》しみを持《も》つにしろ、……ああいう動騒《どうそう》は恐《おそ》ろしい** すでに死骸だった蜂とは違い、ねずみの場合、「自分」は死の前に苦しむ姿しか見ていないので「恐ろしい」と思ったのである。

6 **あの努力《どりょく》** 魚串が刺さったねずみのように、死が目前にあっても、最期のときを迎えるまで必死に死から逃れようとする努力。

8 **しはしまいか** するのではないだろうか。

9 **それに近《ちか》い自分《じぶん》** 電車に跳ね飛ばされたとき、川へ投げ込まれたねずみと同様に、一生懸命死から逃れようとした「自分」。

9 **思《おも》わないではいられなかった** 二重否定の表現。打ち消しの言葉を重ねることで、肯定の意味がより強まる。ここでは、「強く思った」という意になる。

教175ページ

1 **こう言《い》われると……非常《ひじょう》に快活《かいかつ》になった** 致命的な傷ではないと言われ、死の恐怖から解放されて元気になったのである。

3 **その自分《じぶん》** フェータル（致命的）な傷だと言われた「自分」。

4 **そう言《い》われても** 自分の傷が致命的なものだと言われても。

5　「それ」は何をさすか。

答　傷が致命的なものでもしたであろう、助かろうとするための努力。

6**それが今来《いまき》たら**　致命的な傷を負っていることを今告げられたら。
7**あまり変《か》わらない自分《じぶん》**　「ねずみとあまり変わらない自分」とも、「電車に跳ね飛ばされてけがをしたときの自分とあまり変わらない自分」とも解釈できる。
7**「あるがまま」**　ありのまま。自然の状態。「」は強調する表現。
7**気分《きぶん》で願《ねが》うところ**　ねずみのように暴れ騒ぐのでなく、静かに死にたいと願う気分。
8**そう実際《じっさい》にすぐは影響《えいきょう》はしないものに相違《そうい》ない**　静かに死にたいと願っても、実際の死の局面では、そうすぐにはその気持ちが反映されず、願いどおりにはならないだろうということ。
8**両方《りょうほう》**　「気分で願うところ」が「実際」に影響した場合と、「実際」に影響しない場合。具体的かつ簡単に言えば、静かな気持ちになる場合と、必死に生きようとする場合、ということ。
9**影響《えいきょう》した場合《ばあい》は、それでよく、しない場合《ばあい》でも、……それはしかたのないことだ**　影響してもしなくてもどちらでもよく、どちらもしかたのないことだ、ということ。

第五段落　教175ページ11行～178ページ8行

しばらくして、ある夕方、小川に沿って上へ歩いていったとき、いもりを見つけた。いもりを驚かして川の水へ入れようとして石を投げたところ、石が当たっていもりは死んでしまった。いもりをかわいそうに思うと同時に、生き物の寂しさを感じた。自分は偶然に死なず、いもりは偶然に死んだ。そのことに対し感謝しなければならないような気もしたが、実際喜びの感じは湧き上がってこなかった。生きていることと死んでしまっていることとは両極ではなく、それほど差はないような気がした。

教175ページ
11**沿《そ》うて**　沿って。

6　「もの静《しず》かさ」が「自分《じぶん》をそわそわとさせた」のはなぜか。

答　人気のない場所に一人でいるので、心細く、不安になったから。

教176ページ
5**こういう場合《ばあい》**　人が感じないようなごく弱い風で、風上にまっすぐ向いているある葉だけが揺れ続け、人が感じるほど強い風が吹くと、かえってその葉の動きがとまるような場合。前述の「ある一つの葉だけがヒラヒラヒラヒラ、同じリズムで動いている。……そうしたらその動く葉は動かなくなった」（教175ページ16行）をさしている。直哉は、実際にこうした場面を何度か経験したことがあると述べている。
6**いつまで行《い》っても、先《さき》の角《かど》はあった**　教175ページ14行「あの見える所までというふうに角を一つ一つ先へ先へと歩いていった」とあるので、角が続く限り歩き続けることになる。
8**半畳敷《はんじょうじ》き**　畳一畳の半分の広さ。
9**滴《したた》れた**　しずくとなって垂れ落ちた。

11 **先《せん》ほど**　以前ほど。

16 **そんなこと**　いもりを見ることを嫌うこと。

教177ページ

1 **不器用《ぶきよう》に体《からだ》を振《ふ》りながら歩《ある》く形《かたち》が思《おも》われた**　「自分」が、いもりが驚いて体を振りながら歩いていく様子を想像したということ。胴体が長いわりに足が短いため体を振りながら歩くいもりの姿を、「不器用」と表現している。

2 **狙《ねら》ってもとても当《あ》たらないほど、……全《まった》く考《かんが》えなかった**　いもりに石が当たったことが偶然であることを強調する表現。

8 **のめってしまった**　前へ倒れてしまった。「のめる」＝前方に傾いて倒れたり、倒れそうになったりする。

8 **尾《お》は全《まった》く石《いし》についた**　いもりが死んだことを表している。

9 **とんだこと**　取り返しのつかないこと。ここでは、いもりを殺してしまったことをさす。

10 **その気《き》が全《まった》くないのに殺《ころ》してしまった**　いもりを殺す気が全くないのに殺してしまった。蜂やねずみとは違い、いもりの死の場合は、偶然とはいえ、「自分」が直接関わったことになる。

12 **不意《ふい》な死《し》**　突然の死。思いがけない死。

12 **いもりと自分《じぶん》だけになったような心《こころ》持《も》ち……心《こころ》持《も》ちを感《かん》じた**　死んでしまったいもりに、「自分」の思考のすべてが集中し、一体化していることを示している。

14 **生《い》き物《もの》の寂《さび》しさをいっしょに感《かん》じた**　ここでの「生き物」は、「自分」も含む。続けて「自分は偶然に死ななかった。いもりは偶然に死んだ。」とあるように、不意の事故に襲われかろうじて生き残った「自分」にも、死んでしまったいもりにも、偶然に生死が左右される寂しさがあると感じているのである。

教178ページ

4 **それ**　死ななかった「自分」が今こうして歩いていること。

4 **しかし実際《じっさい》喜《よろこ》びの感《かん》じは湧《わ》き上《あ》がってはこなかった**　「自分」が偶然生き残った喜びよりも、偶然に生死を支配される生き物の寂しさ、はかなさのほうを強く感じていたためであろう。

5 **両極《りょうきょく》**　両極端。ひどく隔たりのあること。

6 **それほどに差《さ》はないような気《き》がした**　いもりの死で示されたように、生と死は偶然に支配されているもので、表裏一体である、というようなことを言っている。

7　「そういう気分《きぶん》」とは、どのような気分か。

答　生きていることと死んでしまっていることとは両極ではなく、それほど差はないと思えるような気分。

第六段落　教178ページ9行～178ページ10行

三週間いて、自分は城崎温泉を去り、それからもう三年以上になる。脊椎カリエスにはならずにすんだ。

教178ページ

9 **三週間《さんしゅうかん》いて、……助《たす》かった**　冒頭の段落（教169ページ4行～169ページ5行）の内容と呼応している。

手引き

活動の手引き

一 「自分」の死生観に影響を与えた三つの小動物の記述について、次の観点から把握しよう。

1 「蜂」の死について。

(1)「蜂」の生と死とが、対比的に描かれている部分を整理しよう。

(2)このときに「自分」が抱いた、死に対する考えを、本文を根拠に説明してみよう。

2 「ねずみ」の死について。

(1)「ねずみ」の行動と、事故に遭った際の「自分」の行動とを比較して述べている部分を整理しよう。

(2)事故に遭った際の「自分」の考えを、今の「自分」はどのように評価しているか、まとめてみよう。

3 「いもり」の死について、「自分」は「いもり」の死をどのように捉えているか、まとめてみよう。

解答例 1 (1)次のように対比的に描かれている。

生きている蜂	死んでいる蜂
羽や触角を前足や後ろ足で丁寧に調えると、……細長い羽を両方へしっかりと張ってぶーんと飛び立つ	足を腹の下にぴったりとつけ、触角はだらしなく顔へ垂れ下がっていた
忙しく立ち働いている蜂はいかにも生きているものという感じを与えた	朝も昼も夕も、見るたびに一つ所に全く動かずにうつ向きに転がっているのを見ると、それがまたいかにも死んだものという感じを与える

(2) 「いかにも静かな感じを与えた。寂しかった」(一七一・15)とあるように、死は寂しく静かなものだと考えた。

2 (1)「ねずみ」と「自分」の行動は次のようにまとめられる。

ねずみ	自分
(川へ落ちないように逃げる様子を見て)動作の表情に、それが一生懸命であることがよくわかった	・自分は自分のけがの場合、それ(＝ねずみ)に近い自分になった ・できるだけのことをしようとした ・いちばん大切なことだけによく頭のはたらいたことは自分でも後から不思議に思った
死ぬに決まった運命を担いながら、全力を尽くして逃げ回っている	・(致命的なけがだと言われても)助かろうと思い、何かしら努力をしたろう ・ねずみの場合と、そう変わらないものだったに相違ない

⑵死の恐怖は感じなかったが、助かるための努力はしたし、致命的なけがだと言われても助かろうと努力しただろう。「あるがまま」に死を受け入れようと願うが、それができなくてもしかたがない。

3 かわいそうに思うと同時に、偶然に生死を左右される生き物の寂しさを感じた。

二 **生と死を「両極ではなかった。」（一七八・5）と捉える考え方に対して、各自の意見を文章にまとめて話し合おう。**

考え方 生と死は普通、正反対のものと考えられるが、三つの小動物の生死を見た「自分」は、生死とは偶然に左右されているもので、両者にはそれほど違いはなく、つながっているものだと捉えるようになる。このことに同意できるか、やはり生と死は違うものだと考えるか、自分の考えを理由とともにまとめよう。

言葉の手引き

一 **次のかたかなを漢字に改めよう。**

1 背中の傷がチメイショウになった。

2 三週間ガマンする。

3 羽をテイネイに調える。

4 死後のセイジャクに親しみを持つ。

解答 1 致命傷　2 我慢　3 丁寧　4 静寂

二 **次の言葉を使って短文を作ろう。**

1 いかにも（一七一・12）　2 なおかつ（一七五・7）

3 もとより（一七七・11）

解答例 1 妹はいかにもうれしそうな顔で笑っていた。

2 目覚まし時計をセットした。なおかつ、携帯電話のアラームもセットした。

3 本好きはもとより、本を読まない人でも楽しめる小説。

三 **本文は改行の少ない文章が特徴となっている。次の文章を、指定した数の段落に分けてみよう。**

1 蜂の死骸が流され……しかたのないことだ。（一七三・1〜一七五・10）【三つの段落】

2 だんだんと薄暗く……自分を誘っていった。（一七六・6〜一七八・8）【二つの段落】

解答例 1 第一段落「蜂の死骸が」（一七三・1）〜「泳いでいった。」（一七四・1）

第二段落「自分はねずみの最期を」（一七四・1）〜「続けなければならない。」（一七四・7）

第三段落「今自分にあのねずみの」（一七四・7）〜「しかたのないことだ。」（一七五・10）

2 第一段落「だんだんと」（一七六・6）〜「いもりは偶然に死んだ。」（一七七・15）

第二段落「自分は寂しい」（一七七・15）〜「自分を誘っていった。」（一七八・8）

四 **「自分は脊椎カリエスになるだけは助かった。」（一七八・9）とあるが、「自分は脊椎カリエスにならずに助かった。」とせず、あえて「だけは」と表現した意図を考えてみよう。**

解答例 死に至る脊椎カリエスにならずに済んだことを強調する。

6 法律の改正に関わる文章を読み比べる

教科書P.182〜185

● 学習のねらい

改正前後の法律文を読み比べて必要な情報を読み取り、複数の文章を関連づけながら理解したことをまとめる。

● 読むポイント

法律文は、法律用語や日常使用しない表現が用いられていることが多い。一文も長いため、主述を的確に押さえて読み取ろう。

語句の解説

教182ページ

【資料A】

17 **遵守**《じゅんしゅ》 法律・きまり・教えなどに従って、それをよく守ること。

【資料B】

8 **制動**《せいどう》 車輪などを止めたり、速度を落としたりすること。ブレーキ。

教183ページ

【資料A】

4 **法人**《ほうじん》 人間のように法律上人格を認められ、権利・義務の主体となることのできる組織や団体など。

教184ページ

【資料C】

2 **摘発**《てきはつ》 悪事などをあばいて、社会的に公表すること。

8 **書類送検**《しょるいそうけん》 「送検」は、警察が事件を検察庁へ送ること。捜査書類と証拠物だけを送る「書類送検」と、被疑者の身柄をともに送る「身柄送検」がある。

9 **略式起訴**《りゃくしききそ》 「起訴」は、主に検察官が裁判所に訴訟を提起すること。「略式起訴」は、被疑者に異議がない場合に、簡易裁判所の書面審査による判決を請求すること。

11 **区検**《くけん》 各簡易裁判所に対応して設置される「区検察庁」の略。

12 **起訴猶予**《きそゆうよ》 犯人の性格・年齢・境遇や、犯罪の軽重・情状などを考慮して、検察官が訴訟を提起しないこと。不起訴処分。

20 **答申**《とうしん》 ここでは、行政庁からの求めに応じて、有識者などが意見を申し述べること。

【資料D】

2 **氷山**《ひょうざん》**の一角**《いっかく》 物事のごく一部が表面に現れているにすぎないこと。

3 **施行**《し(せ)こう》 ここでは、公布された法令の効力を現実に発生させること。一般的には「しこう」と読むが、法律用語では「せこう」とも読む。

18 **検分**《けんぶん》 実際に立ち会って調べ、見届けること。

活動の手引き

一　**【資料A】と【資料B】とを比較して、道路交通法の改正点を整理し、文章にまとめてみよう。**

解答例　改正点は大きく二つある。まず「自転車の検査等」についてである。具体的には、警察官は基準に適合する制動装置を備えていないと認められる自転車の運転を停止させ、制動装置について検査をすることができるということと、必要な応急措置を命じ、十分な整備ができない場合は、運転の中止を命ずることができるということである。

次に「自転車運転者講習の受講命令」とその「報告」についてである。具体的には、公安委員会は危険行為を反復してした自転車の運転者に対して、自転車運転者講習を受けるよう命ずることができるということと、そう命令したとき、または自転車の運転者が危険行為をしたときや自転車運転者講習を受けたときは、国家公安委員会に報告し、国家公安委員会はそれを各公安委員会に通報するということである。

二　**【資料C】は、【資料A】から【資料B】への法改正が行われる前に書かれた新聞記事の抜粋で、法改正へとつながる社会問題について指摘されている。【資料C】に基づき、背景にある社会問題に触れながら、法改正が行われた理由を説明してみよう。**

解答例　二〇一二年当時は、自転車の交通違反は、書類送検されても大半が起訴猶予になっており、取り締まりの強化だけでは自転車事故の大幅減にはつながらず、悪質運転者を更生させるための講習などの義務化が必要となったから。

三　**改正道路交通法に従った場合、次の事例（省略）に示す警察官の対応は妥当と言えるだろうか。また、公安委員会はこの男性に対して「自転車運転者講習の受講命令」を発令することができるだろうか。【資料B】の法律の文言を引用しながら説明してみよう。**

解答例　警察官が男性の自転車を止めたことは、「当該自転車を停止させ、及び当該自転車の制動装置について検査をすることができる」という文言に該当し、ブレーキが故障した自転車の運転はしないよう指示したことも、「当該自転車の運転を継続してはならない旨を命ずることができる」という文言に該当するため、妥当と言える。また、男性は危険行為を「反復して」してはいないため、公安委員会は「自転車運転者講習の受講命令」を発令することはできない。

四　**【資料D】は、改正道路交通法の施行から一年後に書かれた新聞記事の抜粋である。この記事から、自転車危険運転に関していまだ残されている課題は何だと読み取れるだろうか。【資料B】の法律の文言と、【資料D】の新聞記事の文言とをそれぞれ引用しながら説明してみよう。**

解答例　改正道路交通法では、「自転車の検査等」を実行する者を「警察官」と想定しているが、実際には「大半のケースで危険行為の警告にあたるのは、交通安全指導員」で、「『実際に指導員がチェックするのは難しい』」ため、「交通事故の検分の結果、危険行為だった場合に摘発を行っている」状態にある。このように「交通違反の実務と制度の趣旨が一致」せず、危険行為をした運転者の摘発や安全運転講習の受講が広まっていないという課題が残されている。

日本の労働問題に関わる資料を読み比べる

教科書P.186~189

●学習のねらい

労働問題に関わる資料を読み比べて必要な情報を読み取り、複数の情報を関連づけて理解したことをまとめる。

●読むポイント

グラフは、タイトルや項目から、何について表しているのかを正確に押さえ、数値や割合などの事実を客観的に読み取ろう。

語句の解説

教186ページ

【資料A】

離職率《りしょくりつ》　ある職場の労働者のうち、一定の期間に離職した人の割合。

「離職」＝今まで就いていた職から離れること。

教187ページ

【資料D】

有給休暇《ゆうきゅうきゅうか》　一定の要件を満たす労働者に認められる、休んでも給料が支給される休暇。

活動の手引き

一　後にあげる文章（省略）は、「日本の労働問題について考える」というテーマのレポートの冒頭部分である。

1　レポートの中で、若者の離職率の高さを、日本の労働問題の一つに取り上げている。【資料A】と【資料B】から読み取れる「若者の離職」の現状を整理し、さらに【資料C】に基づいて、その背景となる理由を、年齢階級別にも注目して文章にまとめてみよう。

2　レポートの中で、「違法状態を体験していても何もしなかった労働者が少なくない」と述べ、その背景理由として、労働に関する権利の認知度の低さを指摘している。労働に関する権利の認知度について、【資料D】から読み取れる情報を文章にまとめてみよう。

考え方　1　【資料A】から、「中学卒」の就職後3年以内の離職率が60%を超えて最も高いこと、また、どの学歴でも「社会人1年目」の離職率が最も高いことを読み取る。【資料B】からは、「19歳以下」の離職率が男女ともに最も高く、約40%が離職していることを読み取る。これらをふまえて、【資料C】から、「15~19歳」の離職者の過半数があげている「満足のいく仕事内容でなかった」「労働条件（賃金以外）がよくなかった」という離職理由を中心にあげるとよい。

2　【資料D】から、労働者の認知度の高い上位三つの項目でも60%台であることを読み取る。

二　労働に関する権利については、認知度の低さ以外にも、行使を妨げる日本人の意識の問題があるという指摘が一般的になされている。【資料E】から読み取れる情報を文章にまとめてみよう。

考え方 【資料E】から、日本人の「有給休暇取得率」は50%と各国に比べ最も低いこと、「自分はより多くの有給休暇をもらう権利がある」と考える日本人も54%しかおらず、「有給休暇の取得に罪悪感がある人の割合」は58%と各国に比べ最も高いことを読み取る。

学校新聞の記事内容を検討する

教科書P.190~193

●学習のねらい

与えられた資料と会話文を関連づけながら、課題に即して必要な情報を読み取り、活用する。

●読むポイント

新聞記事は、「見出し」に注目して最も伝えたいことを押さえ、いつ・どこで・誰が・何を・どうしたという要素を正確に読み取ろう。

語句の解説

教190ページ

【資料A】

論説《ろんせつ》 ここでは、新聞を作成した新聞部の主張を述べた文章をさす。一般的には、新聞社の主張を新聞に掲げたものを「社説」という。

教191ページ

【資料B】

言論《げんろん》の自由《じゆう》 個人が思想や意見を言語によって発表する自由。

秘匿《ひとく》 秘密にして隠すこと。

活動の手引き

一 空欄1に当てはまる文言を、活動方針の中から十字で抜き出そう。

解答 情報の出所を明示する

二 空欄2に当てはまる文言を、何と何とが対立しているのかがわかる形にして、活動方針の中から書き出そう。

解答例 「取材源の秘匿を徹底し」と「情報の出所を明示する」

三 傍線部について。

1 「部の活動方針をふまえると」とあるのは、活動方針のどの条項に照らしたものか。条項の番号で答えよう。

2 「誤りではないにしても、修正が必要」と述べる理由を、次の条件1~4(省略)を満たすように書いてみよう。

考え方 1 「各教室のエアコン完備」についての内容に偏っている。

2 根拠となる箇所はいずれも【資料A】のアンケート結果と、【資料B】の活動方針4の条項から取り上げるとよい。

解答例 1 4

2 「各教室のエアコン完備」を求める生徒は81人と最多なので、必要な情報を正確に報道している。しかし、「文化祭の復活」を求める生徒も79人と多いように、他の項目について記事で触れていないのは、情報を公正に報道しているとは言えないと考えたからである。

図書委員会のポスターの掲示内容を検討する

教科書P.194〜198

●学習のねらい

与えられた資料と会話文を関連づけながら、課題に即して必要な情報を読み取り、活用する。

●読むポイント

ポスターは、一目で情報が伝わるよう工夫されたものが多い。ポスターの文字や絵・写真などから、伝えたい情報を読み取ろう。

語句の解説

教196ページ

【資料B】

12 **ひもとき**　開き。「ひもとく」には、書物を開いて読む、書物などで調べて真実を明らかにする、という意味がある。

13 **託宣《たくせん》**　神のお告げ。偉い人の言葉。

15 **領《りょう》されている**　ここでは、自分の中を占められているということ。

活動の手引き

一　空欄1に当てはまる内容を、【資料B】の文章中から十字以上、十五字以内で抜き出そう。（字句を適当に改変してもよい）

解答例　本の向こうから「呼ばれた」（いきなり本の向こうから呼ばれた）

二　傍線部について。

1 「このポスター内容の変更のことを議案書に追加しておく」とあるが、【資料C】の議案書のどこに、何を書き加えればよいか、説明してみよう。

2 「ポスターの具体的な修正案」とあるが、ここで資料として提出するポスターの修正案は、「出会い方①・②」をまとめて「人に薦めてもらう」で一本化し、新たな「出会い方②」として、Bさんが提案した本との「出会い方」を紹介するものにしたい。

(1) 新たな「出会い方②」の見出しとしてふさわしい文言を、十字前後で書いてみよう。なお、文体は他の見出しと統一すること。

(2) 「出会い方②」として示す文章を、次の条件1〜4（省略）を満たすように書いてみよう。

考え方　1 「ポスター内容の変更」は提案なので、「議題」に相当する。ポスターの修正案を資料として提出することにも留意する。

解答例　1 （議題）4.掲示しているポスターの内容変更（資料③）

2 (1) 本に呼びかけてもらう

(2) 本に呼びかけられる、そんな本との出会いを経験したことはありませんか。学校図書室や図書館、本屋などで、いろいろなジャンルの棚をのぞいて、その中から自分を呼んでいると感じた本を手に取ることから始めてみてもよいでしょう。

論理分析

主張と根拠
デザインの本意

原《はら》　研《けん》哉《や》

教科書P.200～203

語句の解説

教200ページ

1 **スタイリング**　効果的なスタイルを形にすること。

2 **物《もの》を介《かい》して暮《く》らしや環境《かんきょう》の本質《ほんしつ》を考《かんが》える生活《せいかつ》の思想《しそう》**　筆者がデザインについて本文で述べようとしていること。

3 **作《つく》ると同様《どうよう》に、気《き》づくということ**　直前の「生み出すだけの思想」と「物を介して暮らしや環境の本質を考える生活の思想」を受けた表現。

4 **床材《ゆかざい》のユニット**　住宅の床部分を構成するまとまった資材。

6 **膨大《ぼうだい》な知恵《ちえ》の堆積《たいせき》**　身の回りにあるデザインの一つ一つに人間の知恵が生かされていることをさしている。

7 **覚醒《かくせい》**　目覚めること。今まで気づいていなかったことに気づくこと。

7 **醍醐味《だいごみ》**　物事における真のおもしろさ。

8 **糸口《いとぐち》**　きっかけ。手がかり。

8 **世界《せかい》は新鮮《しんせん》に見《み》えてくる**　「暮らしや環境の本質」に「気づく」ことによって生じる結果。

9 **有機的《ゆうきてき》**　多くの部分が互いに関連し合いながら結びつき、全体を作っている様子。

教201ページ

1 **自然《しぜん》の中《なか》には四角《しかく》はほとんどない**　四角が人工的なデザインであることを強調している。

1 **数理《すうり》**　数学上の理論。

3 **造化《ぞうか》の妙《みょう》**　ここでは、自然の中にはほとんどない四角が、立方体の鉱物の結晶として現れることを、このように表現している。「造化」＝造物主(神)によって生み出されたもの。

7 **最適性能《さいてきせいのう》**　英語の optimum performance の訳語。ここでは「四角」が人間にとって最も優れた形であるということ。

7 **幾何学原理《きかがくげんり》**　図形や空間の性質に関わる根本的法則。

8 **フォルム**　形。形式。フォーム。

12 **正円《せいえん》を探《さぐ》り当《あ》てていたかもしれない**　「二本の手が」という主部を受けて、無意識性や偶然性を強調した表現。

13 **立脚《りっきゃく》**　立場やよりどころを定めること。

14 **触発《しょくはつ》**　何かをきっかけに、感情や行動を引き起こすこと。

17 **精度《せいど》**　正確さの度合い。

18 **わけが違《ちが》う**　「精度の高い球体を作る技術」のレベルがはるかに

高いものであることを述べている。

教202ページ

1**スポーツ人類学《じんるいがく》**　民俗学、民族学、文化人類学などの成果をふまえ、スポーツを文化要素として考える学問。

3**球技《きゅうぎ》をすることで再確認《さいかくにん》してきた**　球技を通し、「自然の秩序や法則」を球体の運動をコントロールすることで確認してきた、ということ。

4**リアクション**　反応。反動。

5**それを生《う》み出《だ》す技術《ぎじゅつ》精度《せいど》が向上《こうじょう》するにしたがって、球技《きゅうぎ》の技能《ぎのう》も高《こう》度《ど》化《か》してきた**　「近代科学の発達と球技の発達は並行して進んできた」（同ページ1行）という内容を説明している。

7**よくできたデザインは精度《せいど》のいいボールのようなもの**　「精度のいいボール」が「球技の技能」を高度化させてきたという内容を受けて、「優れたデザインは人の行為の普遍性を表象している」という内容へとつないでいる。

10**熟成《じゅくせい》**　成熟して十分にできあがること。

11**精巧《せいこう》**　細工や仕組みが細かく、よくできていること。

11**暮《く》らしを啓発《けいはつ》する、物《もの》の形《かたち》の探求《たんきゅう》である**　「人の行為の本質に寄り添」おうとすることをさしている。「啓発」＝気づかないところを教え示して、より高い理解や認識に至らせること。

13**鍾乳洞《しょうにゅうどう》**　石灰岩が雨水や地下水によって溶けてできる洞窟。

14**研磨《けんま》**　金属やガラス、石材などの表面をといでみがくこと。

14**人《ひと》の用《よう》が暮《く》らしの道具《どうぐ》に形《かたち》の必然《ひつぜん》をもたらす**　「優れたデザインは人の行為の普遍性を表象している」（同ページ8行）と同義の内容である。

15**技術革命《ぎじゅつかくめい》**　技術が別の新しい技術に置き換えられること。その急速な適用と普及によって社会の変化が促される。

18**勃興《ぼっこう》**　急に勢力を増して盛んになること。

活動の手引き

一　**［　］に、本文中の適切な語句を入れよう。**

解答例【第一段落】●作る・気づく
【第二段落】●直線・直角・直線・直角　●回転　●回転
【第三段落】●球技　●球技

二　**第一段落から第三段落までにおいて示された、人と暮らしと環境との関係性をふまえて、第四段落の要旨を百字以内でまとめよう。**

考え方　第一段落から第三段落の内容が、「暮らしの営みの反復が形を育む」、「人の用が暮らしの道具に形の必然をもたらす」という部分に反映されているので、この部分を前半でまとめ、後半で「デザイン」についての筆者の考えをまとめる。

解答例　暮らしの営みの反復が形を育み、人の用が道具に形の必然をもたらすが、速度と変化を伴う技術革命の中、理性と合理性を携えて未来環境を計画する意志が必要で、志を持って形を作り環境をなすデザインが豊かさを作る。

主張と反論

「動機の語彙論」という視点

鈴《すず》木《き》智《とも》之《ゆき》

教科書P.204〜208

語句の解説

教204ページ

1 **社会現象《しゃかいげんしょう》**　人間の社会生活や社会関係から生じる、人為的な物事。

1 **行為《こうい》の動機《どうき》**　行為を引き起こした主観的な意図や、それを形成した内面的な心理過程をさす。

2 **機械的《きかいてき》**　型どおりに一定の方式で処理する様子。

3 **介《かい》して**　仲立ちとして。

4 **行為主体《こういしゅたい》の主観的意味世界《しゅかんてきいみせかい》**　ある行為を呼び起こし、ある方向へと導いた動機が、外部からうかがうことのできない行為者の心の中に存在するという考え方に基づく。

5 **常識的《じょうしきてき》**　世間一般に考えられている様子。

6 **先立《さきだ》って**　ある物事より前に。

7 **心理過程《しんりかてい》**　時間的に順序立てた心の動き。

8 **事後的《じごてき》に**　物事が起こったあとで。

10 **発覚《はっかく》**　隠されていた不正や悪事・陰謀などが明るみに出ること。

12 **想起《そうき》**　以前にあったことを思い起こすこと。

教205ページ

2 **不都合《ふつごう》**　何かをするときに都合や具合が悪いこと。また、他の物事に影響を及ぼすような要素があること。

3 **言語化《げんごか》**　思想や感情、意思などを言葉として表すこと。

6 **反復的《はんぷくてき》**　同じことが繰り返される様子。

7 **反射的《はんしゃてき》**　外からの刺激に対して、瞬間的に無意識に反応し、行動する様子。

8 **それが選択《せんたく》されたプレーであるとしても**　選択という、本来意識的な行為によってなされた行動であっても、ということ。

17 **事後的《じごてき》に作《つく》り上《あ》げられた「解釈《かいしゃく》」や「言《い》い訳《わけ》」**　「動機」とは呼べないものであることを表している。

教206ページ

1 **虚心《きょしん》**　心に先入観や偏見を持たずに、素直であること。また、その様子。

4 **他者《たしゃ》に向《む》けて……どのような関係《かんけい》に立《た》っているのだろうか**　「他者に向けて表明される動機」と「自分の行為を呼び起こしている本当の理由」が一致しているとは限らないという前提に基づいている。

6 **明示的《めいじてき》**　はっきりと示されている様子。

7 **像《ぞう》を結《むす》んで**　形となって。ここでは、動機が自覚されて、という意味。

8 **推察《すいさつ》**　人の心の中や物事の事情などを、想像して考えること。

11 **根《ね》ざした**　それに基づいた。

13 **相互理解《そうごりかい》の焦点《しょうてん》**　相互理解に至るための重要なポイント。

15 **レパートリー**　ここでは、動機の説明をするときに使える言葉や表現の種類・範囲。

教207ページ

3 **資産家**《しさんか》　財産を多く所有する人。

3 **安泰**《あんたい》　無事でやすらかなこと。また、その様子。

4 **結婚観**《けっこんかん》　結婚の形として、一般にあるべきものとして受け入れられている考え方。

9 **水準**《すいじゅん》　物事の価値や能力などを定めるときの標準となる程度。

11 **すべ**　目的を遂げるための手段・方法。

12 **理**《り》**にかなったもの**　理屈・道理にあったもの。理解が可能なもの。

14 **付与**《ふよ》　授け与えること。

17 **動員**《どういん》　ある目的のために、たくさんの人や物を集めること。

活動の手引き

一　「　」に適切な表現を入れよう。

解答例　【第二段落】●行為の理由はあらかじめ心の中に存在し、行為の前に、または事後に振り返られる形で言語化され、伝えられていく。

【第三段落】●〈反論1〉朝起きて歯を磨くとき（友達に会って「おはよう」と挨拶するとき）・スポーツなどの場面で反射的にある種の行動がなされるとき・いつもは教室の前から二番目の席で受講しているのに、今日は三番目の列に座ってみたというとき

●〈反論2〉友達に向かってとっさにひどいことを言ってしまったとき

●〈反論3〉就職試験に向けて、採用担当者に理解され、評価されるような「志望動機」を考えるとき

●〈筆者の主張1〉動機はすべての行為について明示的に問われるわけではない。／動機として理解されるものは、必ずしも行為に先立って、行為者の内面にはっきりと像を結んでいるわけでもない。／後から推察してその理由を探し出さなければならない場合もあり、その場合の推論は自分自身で行う場合もあれば、他人によってなされることもある。

●〈筆者の主張2〉動機は人に伝えることができるものであり、人から理解され得るものとして提示されなければならない。

二　第五段落で述べられている「動機の語彙」について、具体例は除く形で、要旨を百字以内でまとめよう。

考え方　「具体例は除く形で」とあるので、「動機の語彙」について述べた、「つまり私たちは、……身につけている」（二〇七・10）、「したがって、『動機の語彙』の習得は、……一面を持っている」（二〇七・14）、「ある行為の動機が……判断されている」（二〇七・17）などに着目してまとめる。

解答例　私たちは、特定の状況や行為に結びついた表現のレパートリーとして「動機の語彙」を学習しており、その習得においては、自分の行為と理由についての他者の反応の一般化された予測として、先取り的に判断されている。

話して伝える

言語活動　話し方の工夫

教科書P.210〜213

語句の解説

教212ページ

上1 婉曲的《えんきょくてき》　表現が遠回しで、穏やかな様子。

下9 角《かど》**が立**《た》**たない**　「角が立つ」とは、理屈っぽい言い方や失礼な態度などによって、人間関係が穏やかでなくなるという意味。「角が立たない」は、そうならないよう配慮された様子を表す。

下10 自尊心《じそんしん》　自分の人格を尊重し、尊厳を守ろうとする気持ち。

下16 露骨《ろこつ》　気持ちや意図などを、隠さないではっきり表す様子。

下16 冗長《じょうちょう》　話や文章が無駄に長い様子。

活動①　次の話し言葉の文を、二人一組になって声に出して読み、聞き合おう。その後、書き言葉に変えたうえで同じことを繰り返し、どのような違いを感じるか話し合おう。

(1)電車より飛行機のが速いけど、やっぱ電車のがいいよね。
(2)天気予報では雨だったのに、今日はめちゃくちゃ晴れてる。
(3)明日は雨なのかわかんないけど、どっちにしろ雨天決行なんじゃないかな。
(4)朝六時に起きなきゃ、朝ご飯を食べる時間もないし、学校にも遅刻しちゃう。
(5)学校に遅刻するのは、いろんな意味でよくないと思う。

解答例　それぞれくだけた印象なのに対し、書き言葉に変えると次のようになる。話し言葉は改まった印象になる。

(1)電車より飛行機のほうが速いけれど、やはり電車のほうがいい。
(2)天気予報では雨（の予報）だったが、今日はとても晴れている。
(3)明日は雨なのかどうかわからないけれど、どちらにせよ（しても）雨天決行なのではないだろうか。
(4)朝六時に起きなければ、朝食を食べる時間もないうえ、学校にも遅刻してしまう。
(5)学校に遅刻するのは、いろいろな意味でよくないと思う。

活動②　次の目的で話をする場合、相手と場面に応じて、どのような話し方の工夫が必要か。必要な要素をクラスで出し合い、話の内容を想像しながら実際に演じてみよう。

(1)部活動の公式試合の結果を報告する。
①校長先生に対して、電話で報告する場合。
②全校生徒に対して、全校集会で報告する場合。
(2)化学部の活動内容について説明する。
①小学生に対して、小学校の教室で話をする場合。

②学校を訪れた保護者に対して、化学室で話をする場合。
(3)野球部の練習試合を申し込む。
①相手校の顧問の先生に対して、電話で依頼する場合。
②相手校の主将に対して、直接会って依頼する場合。

考え方 目的に合う話し方と、相手・場面による違いを考慮する。
(1)「公式試合の結果」の「報告」が目的なので、勝敗結果を中心に伝える。①相手は「校長先生」なので敬語を使う。また、「電話」なので、報告したい内容を簡潔にまとめる。②相手は自分と同じ生徒なので、あまりにかしこまった話し方は避ける。ただし、「全校集会」という改まった場なので、丁寧な表現を心がける。
(2)「活動内容」の「説明」が目的なので、具体的に話す。①相手は「小学生」なので、小学生でも理解できる表現を使う。ただし、公的な内容なので、あまりくだけた表現にならないようにする。②相手は「保護者」で、自分より立場が上の人なので敬語を使い、丁寧な表現を心がける。
(3)「依頼」が目的なので、丁重な姿勢で話す。①相手は「相手校の顧問の先生」で、自分より立場が上の人なので敬語を使う。また、「電話」なので、内容を簡潔にまとめる。②相手は同じ高校生だが、「主将」ということもあり、くだけた話し方は避ける。ただし、「直接会って」話すので、そこまでかしこまった話し方でなくてもよい。

活動③ **次の目的で話をする場合、どのような話し方の工夫が必要だろうか。必要な要素をクラスで出し合い、話の内容を想像しながら実際に演じてみよう。また、その話し方で目的が達成されるかどうか、評価してみよう。**

(1)Aさんは、病気で欠席していた期間の英語のノートを、Bさんに貸してほしいと思っている。事情を理解してもらい、できるだけ快くノートを貸してもらいたい。
(2)Bさんは、相手や事情がどうであれ、自分のノートを人に貸すことに抵抗がある。なるべくAさんに嫌な思いをさせないように、Aさんからのお願いを断りたい。

考え方 (1)「貸してもらえないか」など婉曲的な表現をすることで、Bさんに快く協力してもらえるようにするとよい。
(2)「貸したくない」と直接的に言うと、Aさんに嫌な思いをさせかねないため、婉曲的な表現を心がけ、理由もあげて断るとよい。

解答例 話の内容としては、次のようなものが考えられる。
Aさん「私、病気で欠席していて、その間の英語の授業内容がわからないの。よかったらノートを貸してもらえないかな。」
Bさん「私は字も下手だし、うまくまとめている自信もないから、他の人にお願いしてもらえないかな。ごめんね。」

活動④ **次のオノマトペを使って短文を作り、どのような情景や状態を表しているか、説明してみよう。**

(1)ごろごろ　(2)ぺこぺこ　(3)ぺらぺら　(4)ぱらぱら

考え方 (1)大きなものが転がる様子、雷が鳴る音、猫がのどを鳴らす音、数多く存在する様子、何の仕事もせずにいる様子などを表す。(2)おなかがすいている様子、物がへこむ様子、頭を何度も下げる様子などを表す。(3)よくしゃべる様子、物が薄く弱い様子、紙をめくる様子などを表す。(4)雨が少し降る様子、小さな粒状のものが落ちる様子、本をめくる様子などを表す。

活動⑤　**次の状況を表すオノマトペを思いつくだけあげ、どのようなイメージを伝えるのに効果的か、説明してみよう。**

(1)笑いを表す表現　(2)痛みを表す表現

考え方　(1)「くすくす」は抑え気味で控えめなイメージ、「わっはっは」は楽しく豪快なイメージを伝えることなどがあげられる。

(2)「キリキリ」は鋭く刺されるようなイメージ、「ズキズキ」は重く響くようなイメージを伝えることなどがあげられる。

活動⑥　**次の比喩は、何のどのような様子を表すときに用いられる表現か、説明してみよう。**

(1)リンゴのような　(2)太陽のような　(3)雪のような
(4)ドラマのような　(5)鋼のような　(6)花が咲いたような

解答例　(1)頬が赤い様子。
(2)人柄が明るく温かい様子や、笑顔がまぶしい様子。
(3)肌が白い様子や、存在がはかなくすぐに消えてしまう様子。
(4)話や出来事が通常ではあり得ないような展開・結末になる様子。
(5)肉体や精神が強く丈夫である様子。
(6)笑顔が明るい様子や、場の雰囲気が明るくなる様子。

活動⑦　**学校訪問で来校した中学生に、学校の魅力を伝えたい。例示を用いた紹介内容を各自で考え、発表し合おう。**

考え方　学校行事の楽しさや部活動の活発さなどを伝える場合は、体育祭や合唱祭の様子、部活動の成績などを例にあげるとよい。

言語活動　待遇表現

教科書P.214〜215

語句の解説

教214ページ
下4 **敬《うやま》い**　相手を尊んで、礼を尽くすこと。
下4 **へりくだり**　相手を敬い、自分を低いものとして振る舞うこと。
下7 **品《ひん》位《い》**　人に自然に備わっている品格や気高さ。

教215ページ
下8 **親《しん》疎《そ》**　親しいことと親しくないこと。

活動①　**次のやりとりを、それぞれの立場に配慮して、敬語表現を意識した言葉遣いに直してみよう。**

(1)生徒：先生、この問題の解き方がわかんないんだけど。
先生：じゃあ、あとで職員室に来なよ。
(2)客：これと同じ靴で大きいサイズはある？
店員：ちょっと待ってて、調べてくるから。
(3)保護者：山田先生を呼んでくれないかしら。
事務員：５分ほど待ってほしいと言ってます。

解答例　(1)生徒：先生、この問題の解き方がわからないのですが。
先生：では、あとで職員室に来なさい。
(2)客：これと同じ靴で大きいサイズのものはありますか。
店員：少々お待ちください。調べてまいります。
(3)保護者：山田先生をお呼びいただけますか。

事務員：5分ほどお待ちいただきたいと申しております。

活動② **次の各場面における、指定された相手とのやりとりを、会話の内容を想像しながら二人で演じてみよう。**

(1)職員室に担任の先生が在室しているかを尋ねる。
①職員室から戻ってきた友達に。
②学校に電話をかけ、電話に出た事務の人に。

(2)不在の母宛てにかかってきた電話に対して、16時までには帰る予定であることを伝え、用件を尋ねる。
①家族に(父親、兄か姉、弟か妹の各ケース)。
②母と同じサークルの友人に。
③母の職場の上司に。

(3)土地勘のない集合場所までの同行を求める。
①中学校のときから同じ部活動の先輩に。
②入ってひと月もたたない部活動の先輩に。

(4)球技大会の日程の変更を伝える。
①ホームルームでクラスの全員に。
②クラスの友人の一人に。

考え方 (1)①「友達」に対しては敬語表現を用いる必要はないが、話題にしている「先生」に対しては敬語表現を用いる。②「事務の人」と、話題にしている「先生」のどちらに対しても敬語表現を用いる。
(2)①「家族」に対しては敬語表現を用いる必要はない。②相手は母の「友人」で、それほどかしこまる必要はなさそうだが、自分より上の関係に位置するので、敬語表現を用いる。③相手は母の「上司」で、母にとっても上の関係に位置するため、敬語表現を用いる。
(3)①相手は「先輩」で自分よりも上の関係に位置するが、数年来同じ部活動をしていて親しい関係と考えられるので、それほど敬語表現を意識しなくてもよい。②相手は「先輩」で自分より上の関係に位置し、まだ親しくもないと考えられるので、敬語表現を用いる。
(4)①「ホームルーム」という公的な場なので、敬語表現(丁寧語)を用いる。②「友人」に対しては敬語表現を用いる必要はない。

活動③ **学校における公的な場や立場にどのようなものがあるか、考えつくものをあげてみよう。**

解答例 公的な場…生徒総会・各種委員会・各種行事・講演会など。
公的な立場…生徒会役員・各種委員・部活動の部長や副部長など。

言語活動　論理的な表現

教科書P.216〜219

語句の解説

教216ページ

上7 **不可欠《ふかけつ》**　なくてはならないこと。欠かせないもの。

下6 **やみくも**　前後のみさかいもなく、考えなしに行う様子。

下14 **独《ひと》りよがり**　自分だけが正しいと考え、人の意見を聞かない様子。

活動① **次のA・Bの表現について、主張の部分には実線を、理由の部分には波線をそれぞれ引こう。**

A　クジラは哺乳類である。なぜなら、クジラは卵を生まないし、肺呼吸をしているからだ。
B　クジラは人間に似た優しい目をしている。だから、クジラは哺乳類である。

解答　A　クジラは哺乳類である。なぜなら、クジラは卵を生まないし、肺呼吸をしているからだ。
B　クジラは人間に似た優しい目をしている。だから、クジラは哺乳類である。

活動②　①のA・Bの表現が想定している聞き手（読み手）は、いずれもどのような人だろうか。次から一つ選ぼう。
ア　クジラといっしょに泳ぐのが大好きな人
イ　クジラが魚類であると思い込んでいる人
ウ　クジラが哺乳類であると確信している人

解答　イ

活動③　①のA・Bのうち、主張と理由が適切につながっているとは言えないのはどちらだろうか。一つを選び、そのように考える理由を説明してみよう。

解答例　B　説明…「クジラは人間に似た優しい目をしている」という理由は主観的で、事実として主張を支えているとは言えないから。

活動④　右の理由（省略）は事実を述べたものだが、これだけでは主張（省略）とのつながりが明確とは言えない。この事実に理由としての説得性を持たせるためには、事実に対するどのような解釈を付け加えるべきだろうか、話し合ってみよう。

考え方　ツバメが低く飛ぶことと雨とのつながりを明確にするため、空気中の水分が増えると雨が降りやすいが、同時に羽が水分を含んで重くなった蚊などの虫が低く飛ぶようになり、その虫を捕食するツバメも低く飛ぶようになる、などの解釈を付け加えるとよい。

活動⑤　「明日の天気は、雨にちがいない。」という主張をするために、右にあげた理由（省略）とは別の観点から、事実と解釈に基づく理由付けを行いたい。どのような理由が考えられるか、クラスで話し合って、できるだけたくさんあげてみよう。

解答例　星が瞬いて見えることから、上空で風が強く吹いていて低気圧が近づいていると考えられるから。／山の上に傘雲がかかっていることから、上空に湿った空気が流れ込んでいると考えられるから。

活動⑥　右の文章（省略）が想定している読み手はどのような人だろうか、考えてみよう。

解答例　バスや電車を利用する人。特に優先座席の譲り合いについて迷ったり困ったりしたことがあるという人。

活動⑦　右の文章（省略）の主張および理由に当たるのは、それぞれどの文になるか、ⓐ～ⓓの記号で答えよう。なお、理由に該当する文が一つとは限らない。

解答　主張…ⓓ　理由…ⓑ・ⓒ

活動⑧　⑦のうち、主張と適切につながっているとは言えない理由がある。どの理由かを記号で選び、どうしてそのように考えるか説明してみよう。

解答例　ⓒ　説明…優先座席の必要性を述べただけで、そこに座りたい場合は意思表示が必要だという主張の根拠になっていないから。

活動⑨

「優先座席を譲る側から言うと、目の前に立つ人が席を優先されるべき人かどうかを目視で判断するのは、非常に困難である。」という指摘に合致する具体的な事例として考え得るものを、クラスで話し合って、できるだけたくさんあげてみよう。

言語活動　情報の探索と選択

教科書P.220～221

語句の解説

教220ページ

上16 **吟味《ぎんみ》**　内容や品質、理論などについて詳しく調べ、選ぶこと。

下4 **玉石混交《ぎょくせきこんこう》**　優れたものとつまらないものが入り混じっていること。

下12 **真偽《しんぎ》**　本当かうそか、論理的に正しいか誤りかということ。

下12 **不明瞭《ふめいりょう》**　はっきりしない様子。

対 **明瞭《めいりょう》**

下13 **匿名《とくめい》**　自分の名前を隠すこと。また、別名にすること。

教221ページ

下7 **主観《しゅかん》**　自分だけの物事の見方、考え方、感じ方。

対 **客観《きゃっかん》**

下8 **典拠《てんきょ》**　言葉や文章のよりどころとなる文献などの確かな根拠。

下13 **営利《えいり》**　利益を得るために活動すること。

下20 **飛躍《ひやく》**　論理的な順序を踏まずに、飛び離れたところに移ること。

活動①

「現代の高校生の読書傾向」に関する情報を探す場合、その方法にどのようなものがあるだろうか。できるだけたくさんあげ、それぞれの長所と短所を考えてみよう。

考え方　一般的に優先座席は、高齢者・障害者・妊婦・乳幼児連れの人などのためのものだが、例えば高齢者が全員座りたがっているかというと、そうとも限らない。また、外見からは障害や妊娠の有無が不明の場合や、座ると泣いてしまう乳幼児もいることも考えられる。

考え方　インターネットで探す場合、最新の情報を手軽に入手できるが、発信者が匿名の場合が多く、情報の信頼性が低いことが考えられる。本や雑誌、文部科学省の白書などで探す場合、情報の信頼性は高いが、刊行・発表までに時間がかかり、情報が古いことがある。周囲の高校生にインタビューしたりアンケートをとったりする場合、一部の実態はわかるが、統計的な正しさに欠ける可能性がある。

活動②

「現代の高校生の読書傾向」について、次の資料(省略)を根拠にして、後に示す主張(省略)をすることは妥当だろうか。もし妥当性が低いとすれば、ほかにどのような情報を探せばよいだろうか、話し合ってみよう。

考え方　資料からは1ヶ月間に読む本の冊数が小学4年生から高校2年生にかけて減少していることは読み取れるが、主張の「読書に対する興味」や、「読書時間」については読み取れないため、読書にどのくらい興味があるか学年別にアンケートをとった結果や、年齢別の読書時間がわかる統計資料などの情報を探すことが考えられる。

言語活動　情報源の明示

教科書P.222～223

語句の解説

教222ページ

上13 **相違点《そういてん》** 同じでないところ。

上14 **反証《はんしょう》** 反対の証拠。その意見が誤っていることを示す証拠。

下11 **URL** インターネット上の情報の所在を特定する表示方式。

下11 **閲覧《えつらん》** ここでは、ウェブページの文章や画像を見ること。

下11 **ダウンロード** インターネットなどを通じて手元のパソコンなどにデータやファイルを取り込むこと。

下14 **脚注《きゃくちゅう》** 本文の下の方や、本文の枠外につける注記。

活動 左の二つの引用例（省略）は、上記「引用の目的」（省略）のA・Bいずれに相当するか、考えてみよう。

考え方 上段の引用例は、土井隆義の文章を引用し、「土井の対比を参考にしながら、……考えていきたい」と述べており、「他人が書いた文章を検討し」て「自分の意見の補強材料（根拠）に利用する」ことにあたる。下段の引用例は、土井隆義の言う「予定調和」の人間関係に対して、「改めて検証してみたい」と述べており、土井の意見と「自分の意見との対比」をしようとしていると言える。

解答 上段の引用例…A　下段の引用例…B

言語活動　スピーチで自分を伝える

教科書P.224～227

語句の解説

教225ページ

下8 **推敲《すいこう》** 詩歌や文章を作る際、何度も字句や表現を練り直すこと。

教226ページ

上8 **主眼《しゅがん》** 物事の中心になる一番大事なところ。

活動 「大切なものは『ありがとう』という言葉」を主題にしてスピーチをする場合、次の構成メモを使って話す順番を並べ替え、どのような違いがあるか考えてみよう。

〈構成メモ〉
・言葉の持つ力は大きいと思う①
・使う言葉の違いで、周りの人への気持ちが変わってきた②
・きっかけは小学生のころの祖母とのやりとり③
・大切にしているのは形のないもの④

考え方 「スピーチ原稿の例」（教227ページ）では、④→③→②→①という順になっている。最後の二つを入れ替えて、④→③→①→②という順にしても主題は伝わるが、「周りの人への気持ち」に焦点が移ってしまう。また、①→③→②→④という順にした場合、「大切にしているのは形のないもの」と最後で漠然としてしまい、主題が伝わりにくくなる。

活動の手引き

一　「私が大切にしているもの」というテーマでショートスピーチを行い、互いに批評し合おう。

考え方　何を「大切にしている」のか、その理由は何であるかということを明確にする。そのうえで、大切にするようになったきっかけや、自分にとってどのような存在であるのかということを具体的な体験をあげて説明すると、聞き手が興味や関心を持ちやすい。

言語活動　相手に伝わる案内をする

教科書P.228〜231

語句の解説

教228ページ

上2 **口頭**《こうとう》　口で言うこと。

上5 **不特定多数**《ふとくていたすう》　傾向や性質などが同一でないものの、多数の集まり。

教229ページ

上8 **キャッチフレーズ**　人をひきつける短い文句。

上8 **アピールポイント**　人々に訴えたい、そのものの魅力となる点。

上13 **オーバーラップ**　二つ以上のものが重なり合うこと。

活動の手引き

一　案内役・来場者役・評価者に分かれ、地図を使った案内を行ってそれを評価しよう。ただし、その際の案内は次の条件（省略）を満たすものとし、来場者の条件は都度決めるものとする。

考え方　条件1…現在地から「模擬店」と「抽選会場」を通って「体育館」まで行く道を、パンフレットの地図を見せながら説明する。「模擬店」と「抽選会場」のどちらへ先に行くかは、抽選会が行われる時間を伝え、そのときの時刻によって提案するとよい。
条件2…パンフレット表紙の番号をさし、これが抽選番号であることを伝えるとよい。
条件3…人気イベントの開催で混雑しているので体育館へは時間に余裕をもって向かってほしいと伝え、ダンスに興味があるなら見ていってほしいと紹介するとよい。

言語活動　理想の修学旅行をプレゼンする

教科書P.232〜235

語句の解説

教232ページ

上18 **プレゼンテーションソフト**　プレゼンテーションに使う資料を作成・表示するためのソフトウェア。

教233ページ

下6 **文献**《ぶんけん》　何かを知るためのよりどころとなる、文書や書物。

活動の手引き

一 グループに分かれて、文化祭の出し物や音楽祭での選曲など、学校行事にクラスとして参加する内容についてプレゼンテーションを行い、互いに評価し合おう。

考え方 自分たちの思いを伝えるために、効果的な資料を準備し、構成を考えよう。「昨年の文化祭でよかった出し物は何か」「好きな曲は何か」などのアンケートをとったり、インターネットで他校の文化祭や音楽祭の様子を調べたりして、その結果を提示すると説得力が増すだろう。また、対立意見に備えて、出し物を実現する際の課題とその解決策を考えておくことなども考えられる。

言語活動　合意形成のための話し合いを行う

教科書P.236〜240

語句の解説

教236ページ

上1 **合意《ごうい》** 意思や意見が一致すること。

上14 **随時《ずいじ》** その時々。いつでも、という意味もある。

下6 **促進《そくしん》** 物事がはかどるように、うながすこと。

下6 **軌道《きどう》** 物事が進行する道筋。

下10 **論拠《ろんきょ》** 論を支えるよりどころとなるもの。

教237ページ

(図) **範疇《はんちゅう》** 同じ性質のものが収まる範囲。

教238ページ

上4 **可視化《かしか》** 物事を目で見てわかる形にすること。

対 **不可視化《ふかしか》**

下4 **メリット** 利点。長所。

対 **デメリット**

下13 **フィードバック** ここでは、話し合いをしたグループに対し、観察していたグループが感想や改善点などの意見を返すこと。

活動の手引き

一 「話し合いの例」(省略)の議論は、最終的にどのような形でまとまったか、考えてみよう。

考え方 「地域の高齢化と災害についての調査報告」、「ダンスパフォーマンス」、「フリーマーケット」という案には、「(2)ふかめる」で積極的な意見が出ている。さらに、「フリーマーケット」を開きたいという意見に対しては、他の人も納得していることがうかがえる。一方、「大学・専門学校紹介」、「お化け屋敷」、「スイーツ販売」という案には、文化祭でやらなくてもよい、クラスのよさが出ない、自分たちのクラスでやらなくてもよいといった意見が出ている。このような状況をふまえて、最終的にどの案に決まったか考えるとよい。

二 話し合いの手順をふまえて、他のテーマで話し合ってみよう。

考え方 話し合いの際には、司会者が手順やテーマを確認しておく。参加者は自分の意見とその論拠を、他の人の意見との関係を考慮して発言し、書記は出された意見のキーワードを書き出すようにする。

言語活動　書き方の基礎レッスン

教科書P.242〜247

語句の解説

教246ページ

上3 **修《しゅう》辞《じ》**　言葉を巧みに用いて、美しく効果的に表現すること。

下10 **ニュアンス**　ここでは、言葉の持つ微妙な意味合いのこと。

教247ページ

下19 **余《よ》情《じょう》**　後まで心に残る、しみじみとした味わい。

下19 **詠《えい》嘆《たん》**　深く感動すること。

活動①　**次の各文を適切な表記に改めよう。**

(1)君の言う事にも一理ある。
(2)第3者からの意見を聞く。
(3)彼の言うことはおうむね正しい。
(4)わかりずらい点があればお尋ねください。
(5)懐しい人からの手紙が届いた。

考え方　(1)この「事」は「内容」を表しているので平仮名で書く。(2)「第三者」は熟語で、算用数字は使わない。(3)「おうむね」は「おおむね」と書く。(4)「わかりずらい」は動詞「わかる」に接尾語「つらい」がついて形容詞化したもの。(5)「懐」の送り仮名は「かしい」。

解答　(1)君の言うことにも一理ある。
(2)第三者からの意見を聞く。
(3)彼の言うことはおおむね正しい。
(4)わかりづらい点があればお尋ねください。
(5)懐かしい人からの手紙が届いた。

活動②　**次の各文が適切な表現になるように修正しよう。**

(1)私の日課は、毎朝ペットと散歩をします。
(2)彼女は、斬新な○○カフェのパンケーキが好きだ。
（「斬新」なのが「パンケーキ」である場合）
(3)もし時間があるとき電話してください。
(4)彼は体調が悪くても決して学校に行く。
(5)強風で公園の木が倒しています。

考え方　(1)主述の関係を整える。(2)「斬新な」が「○○カフェ」を修飾しないよう語順を変える。(3)「もし」は「〜なら(たら)」と対応する。(4)「決して」は「〜ない」と対応する。(5)「倒し」は他動詞。

解答例　(1)私の日課は、毎朝ペットと散歩をすることです。
(2)彼女は、○○カフェの斬新なパンケーキが好きだ。

(3)もし時間があるなら電話してください。
(4)彼は体調が悪くても決して学校を休まない。
（彼は体調が悪くても必ず学校に行く。）
(5)強風で公園の木が倒れています。

活動③ **次の各文が適切な表現になるように修正しよう。**

(1)忙しくて、見たいテレビ番組が見れない。
(2)文化祭は午前九時には始まってます。
(3)彼女はバイトが忙しくて部活を休んでいる。

考え方 (1)「見れない」は、ら抜き言葉。(2)「始まってます」は、い抜き言葉。(3)「バイト」は「アルバイト」、「部活」は「部活動」の略語。

解答例 (1)忙しくて、見たいテレビ番組が見られない。
(2)文化祭は午前九時には始まっています。
(3)彼女はアルバイトが忙しくて部活動を休んでいる。

活動④ **次の文章（省略）を常体に改めよう。**

考え方 「常体」は、文末が「だ・である」の形になっている文体。

解答例 すいかを食べると思い出すことがある。九歳の夏のことだ。母の出産の間、私は夏休みを叔母の家に預けられて過ごした。両親と離れるのは初めてのことだった。叔母の住む羽村町というのが東京都に属し、都心から日帰りで遊びに行ける場所だ、と知ったのは大人になってからのことで、叔母の家は、当時の私にとって、はるか遠い田舎だった。

活動⑤ **次の各文の空欄に、接続表現を補おう。**

(1)腕時計をポケットに入れたまま洗濯した。［　］壊れた。
(2)明日は台風が来るかもしれません。［　］文化祭は決行します。
(3)今日はテレビを見ない。［　］いつもより宿題が多いからだ。
(4)豆腐は栄養があり、［　］安価でもあるので、毎日食べている。
【並列】
(5)コピー機のインクがなくなったら、まず古いインクの容器を機械から取り出し、［　］新しいインクを機械にはめ込む。
(6)この土地名産の和菓子は値段が安い。［　］味もとてもよい。
【添加】
(7)彼はテニスもサッカーも水泳もする。［　］スポーツマンなのだ。【要約】
(8)この市場では多くの種類の魚が売られている。［　］アジ、サバ、イカ、マグロなどだ。
(9)私たちの社会では、このような点が課題となっている。［　］、海外ではどうか。【対比】
(10)以上、A高校の概要を紹介した。［　］本題のA高校の生徒の生活実態について述べる。【転換】

解答例 (1)だから(すると)　(2)しかし(それでも)　(3)なぜなら
(4)また(そして・それから)　(5)次に(そして・それから)
(6)しかも(そのうえ・さらに・そして・それから)　(7)つまり
(8)たとえば　(9)一方　(10)では(それでは)

活動⑥ **次の各文の傍線部を、例(省略)にならって漢語に言い換えよう。**

(1)パーティーの準備にかかるお金を計算する。

(2)宿題を急いで提出しなさい。
(3)欲しいと思っていた雑誌を、先ほど本屋でゲットした。

解答例　(1)パーティーの準備に必要な費用を計算する。
(2)宿題を至急提出しなさい。
(3)欲しいと思っていた雑誌を、先ほど本屋で入手した。

活動⑦　**次の各文の空欄のうち、(1)~(3)には「踊り」「舞踊」「ダンス」、(4)~(6)には「宿」「旅館」「ホテル」を当てはめてその適否を考え、三種類の語によって受ける印象がどのように変わるか、意見を述べ合ってみよう。**

(1)日本の伝統［　］を保存する動きがある。
(2)彼は［　］を得意とするストリートパフォーマーだ。
(3)夏休み、町内会で行われた［　］に参加した。
(4)都心の高級［　］でディナーを食べる。
(5)田舎の温泉付き［　］で懐石料理を堪能する。
(6)この村には江戸期から多くの［　］があった。

考え方　(1)~(3)「踊り」は和語、「舞踊」は漢語、「ダンス」は外来語。(4)~(6)「宿」は和語、「旅館」は漢語、「ホテル」は外来語。和語は古くからあり柔らかい印象、漢語は硬く改まった印象、外来語は新しく洗練された印象を与える。それぞれ文の中の他の語とのかねあいも考慮する。

活動⑧　**次の各文で用いられている表現上の工夫を、後のア~キから記号で選ぼう。**

(1)ピーヒャラピーヒャラと陽気な笛の音が鳴る。
(2)私たちはうきうきした気分で出発した。
(3)人生とは、長い旅路である。
(4)静かな驚きの声が、さざ波のように広がった。
(5)風が木々の梢《こずえ》に優しく語りかけている。
(6)私は行く、どんな困難があっても。
(7)船出の時刻は、午前八時。

ア　直喩　イ　隠喩　ウ　擬人法　エ　倒置法
オ　体言止め　カ　擬態語　キ　擬声語

考え方　(1)「ピーヒャラ」は「笛の音」に似せて表した言葉。(2)「うきうき」は状態の感じを表した言葉。(3)「~のように」などを用いずに「人生」を「長い旅路」にたとえている。(4)「~のように」という表現に注目。(5)「風」の様子を「語りかけている」という人間の動作になぞらえている。(6)「どんな困難があっても、私は行く」の語順を入れ替えている。(7)「午前八時」は体言。

解答　(1)キ　(2)カ　(3)イ　(4)ア　(5)ウ　(6)エ　(7)オ

言語活動　身近な製品の取扱説明書を作成する

教科書P.248~251

語句の解説

教248ページ

下5　**概要**《がいよう》　だいたいの内容。
下5　**詳細**《しょうさい》　詳しくて細かい内容。

下7**見出し**《みだ》　文章の前につけ、内容が一目でわかるように示す言葉。

教249ページ

下8**階層的関係**《かいそうてきかんけい》　全体をいくつかの階層に分けたそれぞれの関係。

活動①　**身の回りにある製品の取扱説明書には、どのようなことが書かれているか調べてみよう。**

解答例　水筒（各部の名称・部品の取り外し方・使い方・手入れのしかた・安全上の注意事項など）

活動②　**シャープペンシルを使用するために必要な操作を、次の写真（省略）をもとに言語化してみよう。**

解答例　シャープペンシルのノックボタンと消しゴムを取り外し、内部に芯を入れる。消しゴムとノックボタンを元に戻し、親指でノックボタンの上部をカチッと音がするまで押して、ペンの先から芯を出す。

活動の手引き

一　**身近な製品のうち、ホチキスの取扱説明書を作成して、互いに批評し合おう。**

考え方　冒頭にホチキスの各部分と名称を示したイラストを入れると構造が明確になる。使用方法として、針の入れ方や、紙類のとじ方などを、該当部分のイラストや写真を載せて説明し、使用上の注意事項として、針で手などを傷つけないよう呼びかけるとよい。

言語活動　実用的な手紙文の書き方

教科書P.252～255

語句の解説

教252ページ

上5**インターンシップ**　学生が企業などで就業体験をすること。

上15**内諾**《ないだく》　内々に承諾する（要求や頼みを聞き入れる）こと。

下7**特性**《とくせい》　特有の性質。

教253ページ

上11**親睦**《しんぼく》　お互いに親しんで、仲良くすること。

下2**回答**《かいとう》　要求や問い合わせに対して返答すること。

下9**頭語**《とうご》　手紙の書き出しの言葉。

対 **結語**《けつご》

下9**時候**《じこう》　春夏秋冬や、暑さ寒さなど、その時々の気候。

下16**略式**《りゃくしき》　正式の手続きや形式の一部を省いて、簡単にした方式。

活動の手引き

一　**インターンシップ終了後に、お世話になった企業の担当者に対して、担当の先生の立場から、実習評価表（生徒の実習時の取り組みを評価するシート）の提出を依頼する文書を書いてみよう。なお、提出方法は、依頼文に同封した提出用封筒に評価表を入れて厳封し、学校の事務室宛てに郵送してもらうこととする。**

考え方　主文・末文は「当日の生徒の様子や取り組みを知り、今後の生徒指導に役立てたいと存じますので、実習評価表のご記入と、ご提出をご依頼申し上げたく、お手紙を送らせていただきました。

ご提出の際には、同封の提出用封筒に評価表を入れ、厳封のうえ、本校事務室宛てにご返送していただけましたら幸いです。ご協力を賜りますよう、何とぞよろしくお願い申し上げます。」などとする。

二 **学校行事の中から一つを選び、外部の人を招待するための案内文を書いてみよう。その際、招待する相手の特性や、招待する目的を検討し、相手と目的に配慮した案内文になるように留意しよう。**

考え方 「招待する相手への配慮」については、相手が高齢者であれば椅子席や冷暖房の有無などを、乳幼児連れの人であればおむつを交換できる場所の有無などを案内するといった配慮があるとよい。

言語活動　地域の魅力を紹介する

教科書P.256～259

語句の解説

教257ページ

上8 **SNS**　ソーシャル・ネットワーキング・サービスの略。インターネット上で、人と人の交流を促進・サポートするサービスで、写真や動画、文章などの投稿や閲覧、コメントなどができる。

教258ページ

上5 **霊山**《れいざん》　神聖な山。社寺の霊域である山。

下8 **喚起**《かんき》**する**　呼び起こす。

下9 **5W1H**　When・Where・Who・What・Why・How の頭文字をとったもので、情報を整理するために必要な要素のこと。

下16 **小見出**《こみだ》**し**　文章をいくつかに区分し、区分ごとにつける見出し。

活動の手引き

一 **自分が住む地域の魅力を、他の土地から来る人に紹介する文章を書いてみよう。**

考え方 魅力には、自然や建造物、祭事などのほか、特産品やグルメ情報なども含まれよう。情報は観光協会が発行する冊子や、ホームページなどで入手可能である。相手の年齢層などを考慮して興味や関心を引く内容を選択し、構成や表現を工夫して書こう。

言語活動　自校の生徒の生活実態を調査する

教科書P.260～263

語句の解説

教260ページ

下4 **オープンキャンパス**　入学希望者に、大学構内を公開する行事。

下6 **有益**《ゆうえき》　役に立つ様子。

対 無益《むえき》

教262ページ

下4 **必然性**《ひつぜんせい》　ここでは、行った調査が、提起した問題を明らかにするために必要なものであるということ。

下14**見解**《けんかい》　物事に対する考え方や評価・意見。

活動の手引き

一　**グループに分かれて、自分たちの生活実態の中からテーマを決め、報告文にまとめて発表し合おう。**

考え方　例えば、睡眠時間や勉強時間、テレビや動画サイトの視聴時間などについてアンケート調査を行い、生活時間の内訳を明らかにして、有意義な時間の使い方をまとめるなどが考えられる。

言語活動　社会に対する意見文を書く

教科書P.264～268

語句の解説

教264ページ

下15**社会的弱者**《しゃかいてきじゃくしゃ》　社会の中で、不利な状況や立場に置かれている集団や個人。高齢者・障害者・児童・女性・難民・少数民族など。

教265ページ

上4**違和感**《いわかん》　しっくりこないという感覚。

教266ページ

下8**抽象的**《ちゅうしょうてき》　具体性を欠き、実態がはっきりしない様子。**対**具体的《ぐたいてき》

下12**ブレーンストーミング**　新しいアイディアを生み出すために、限られた時間内に自由に意見を出し合う、立案企画の手法。

教267ページ

上6**醸成**《じょうせい》　ある状態や気分を徐々に作り出すこと。

活動の手引き

一　**次ページの「意見文の例」(省略)を読み、「評価の観点」(省略)に基づいて文章を評価してみよう。また、この意見に対して賛成か反対か、各自の考えを述べ合ってみよう。**

考え方　「意見文の例」は、バスで遭遇した出来事やニュース番組を視聴したことといった自分の経験を題材にしている。そして、足の不自由な女性が「誰もが不愉快な思いをする」ような振る舞いをした際に、周囲の人間が「黙ってしまう」ことは、「女性の行為を正当化」し、「結果的にその女性を社会から孤立させてしまう」とし、障害がある人にも「対等な目線で接すること」が「平等な社会を築くうえで大切」であると意見を述べている。また、この文章は自分の意見を最後に示す「尾括型」で構成されている。これらの点をふまえて判断するとよい。

二　**「よりよい社会のために」というテーマで、自分の経験の中から適切な題材を選び、次の条件(省略)で意見文を書いてみよう。**

考え方　社会全体について述べるのではなく、自分の経験をもとに、身近な物事について述べるとよいだろう。条件2の「タイトル」については、「意見文の例」では「『障害がある人には優しくする』は正しいか」という疑問形式をとっている。このように疑問を投げかけることで、読み手の注意を喚起することもできる。